家庭教育

ATING JIAOYU

二年级

总主编——朱永新
本书主编——李福灼 童喜喜

漓江出版社
·桂林·

图书在版编目（CIP）数据

家庭教育．二年级 / 朱永新总主编；李福灼，童喜喜主编．-- 桂林：漓江出版社，2023.8
ISBN 978-7-5407-9133-9

Ⅰ．①家… Ⅱ．①朱… ②李… ③童… Ⅲ．①小学生—家庭教育 Ⅳ．① G782

中国版本图书馆 CIP 数据核字（2021）第160083号

家庭教育　二年级
JIATING JIAOYU ERNIANJI

总 主 编　朱永新
本书主编　李福灼　童喜喜

出 版 人　刘迪才
选题统筹　李　弘
责任编辑　杨海涛
装帧设计　黄　洁
责任监印　杨　东

出版发行　漓江出版社有限公司
社　　址　广西桂林市南环路22号
邮　　编　541002
发行电话　0771-5825315
邮购热线　0771-5825315
网　　址　www.lijiangbooks.com
微信公众号　lijiangpress

印　　制　广西民族印刷包装集团有限公司
开　　本　787 mm × 1092 mm　1/16
印　　张　11
字　　数　168千字
版　　次　2023年8月第1版
印　　次　2023年8月第1次印刷
书　　号　ISBN 978-7-5407-9133-9
定　　价　32.00元

丛书编委会

本书编委会

总 主 编： 朱永新

本书主编： 李福灼　童喜喜

副 主 编： 梁若冰

本书作者： 梁若冰　周晓娟　韦金凤

张艳婷　张海葵　黄炳佑

黎玉兰

总　序

家庭是教育的起点

朱永新

我们培育的孩子，是中国美好的明天，是我们共同的未来。每个大人都希望孩子有出息，希望今天的孩子是明天的人才。

但是，无论父母还是老师，我们很多大人在面对孩子的许多问题时，经常力不从心，不知所措。遇到困难的大人们，无论是渴望家庭教育方法的父母长辈，还是希望引导父母做好家庭教育的一线教师，不仅需要倾诉和聆听，更需要得到指导和帮助。这一套为家长量身打造的“家庭教育”丛书，正是为此应运而生。

为了让这套“家庭教育”丛书能够得到更好运用，在编写过程中，我们对各个环节进行了精心的设计。

我们针对0～3岁、幼儿园、小学、初中、高中五个阶段，分别邀请专家学者进行主编：《中国教育报·家庭教育周刊》主编杨咏梅和广西幼儿师范高等专科学校校长、教育学博士文萍主编0～3岁阶段和幼儿园阶段的内容，新教育萤火虫亲子共读公益项目创始人、原新家庭教育研究院理事长、著名儿童文学作家童喜喜和南宁师范大学教师教育学院院长、教授李福灼主编小学阶段的内容，南京师范大学教授、新家庭教育研究院副院长殷飞和南宁市第十四中学校长、正高级教师石鹏主编初中阶段的内容，中国教育学会家庭教育专业委员会常务副理事长、中国教育报刊社原党委书记兼社长翟博和南宁师范大学教师教育学院副院长、广西家庭教育研究会副会长王文蓉主编高中阶段的内容。

这五个阶段的主编，都是活跃在一线的优秀专家，在学术研究上各有造诣，都是家庭教育工作的资深学者，常年奔走在全国各地，对家庭教育的一线情况如数家珍，不仅有着广泛的影响力，更对不同地区的家庭教育特点有着全面把握，让这套丛书的内容能够更好地覆盖不同群体。

我们反复研讨，提出了诸多具体细致的编写要求。比如写作中，围绕相同问题，需要归纳不同背景、不同环境下容易出现的不同类型的状况或做法，分门别类地进行指导，从而让读者在阅读中更容易发现自己的问题和不足，选择方法时更有针对性等。

我们组建了由在中小学、幼儿园工作的优秀教师和全国各地的“新教育种子计划”公益项目的榜样教师组成的作者团队。这些作者本身就活跃在家庭教育的一线，他们每个人都在为丛书添砖加瓦，使得这套丛书更接地气，进一步提高其实用性。

我们以“过一种幸福完整的教育生活”作为宗旨，在内容中贯彻诸多家庭教育的根本理念，如“教育，从家庭开始”“幸福比成功更重要，成人比成才更重要”“阅读和家庭，是教育的两大基石”“母亲是女人最神圣的天职”“父亲是男人最重要的工作”“与孩子一起成长”“教育需要智慧爱”等。

我们反复推敲丛书的体例，形成了一个严密而高效的结构——

导语，对单元目标进行提纲挈领的把握。

案例分析，以当下事件为切入点，提炼重大问题，有的放矢。

了解孩子，明确不同年龄段孩子的主要特点，增进多方了解。

实施指南，以简明扼要的语言提供具体方法。

延伸拓展，围绕相关主题，推荐更多图书、影视或亲子活动，便于按图索骥，亲子共读、共赏、共乐。

评估改进，以现实生活中易犯的错误，结合章节的主题，编写测试题，供读者自测、自评，拟订行动计划。

鲜活的案例、务实的分析、高效的方法、贴心的测评，我们相信，这套丛书能够成为家庭教育的高参，成为家校共育的锦囊。

其实，在收到主编这套“家庭教育”丛书的邀请之时，我犹豫了很久。一是因为本职工作已经非常忙碌，主编一套丛书需要不少时间；二是因为早在几年前，我已经组织编写过一套同类题材的图书。最终，考虑到漓江出版社当时是应教育部门的委托前来邀请，考虑到有了此前的经验能够弥补一些不足，可以进一步提高家庭教育的有效性，我还是答应下来。

我知道，理念转化为图书容易，方法转化为行动艰难，所以我们从不同层面，推动着行动。

我把主编这套丛书的稿费100%捐赠给江苏昌明教育基金会，用于开展更多家庭教育研究和实践。

这套丛书的主编团队、作者团队，不仅会完成这套丛书的编写，还会在更多家庭教育的活动中，身体力行地帮助家长、教师、社会工作者运用这些知识。

在漓江出版社的支持下，由“家庭教育”丛书的编写委员会执行主编、小学阶段主编童喜喜以中国儿童文化艺术基金会“新孩子”专项基金和新教育新阅读研究所统筹组建的公益团队，已经在为城市、乡村等不同处境的父母群体细化研发更有针对性的课程，密切关注留守儿童成长问题、隔代教育问题等，并借助网络的便利，以公益的方式，将以“新父母双师网校”为载体，以“新教育种子计划”“新教育萤火虫亲子共读”等公益项目，为父母、老师提供更多跟进指导。

这套丛书的内容得到了许多学校的认可。如今越来越多的学校教育工作者发现：家庭教育做好了，学校教育的地基就坚实了。所以，我们也和漓江出版社多次沟通，根据学校的特点和要求进行相应调整，专门推出了适合学校工作的版本，便于学校组织开展家庭教育工作。

陶行知先生说过：“生活即教育。”家庭教育正应该成为这样的生活。教育应以万千家庭的生机盎然，组成新时代的蓬勃原野。

感谢漓江出版社的信任，感谢参与编写和创作的全体专家、老师认真勤奋、卓有成效的工作。错漏之处，敬请读者们多多指正。

家庭是教育的起点。起点稳了，方向对了，基础就牢了，孩子就好了，家庭就和谐了，教育就完整了，人生就幸福了。让我们一起努力，用好教育建设我们的好家庭！

2022年8月13日写于高铁途中

开 篇 语

学会劳动，善于交往

著名教育家叶圣陶先生曾说：“什么是教育？简单一句话，就是养成良好的习惯。”由此可见，良好习惯的养成对一个孩子来说是多么重要。当孩子已经顺利度过一年级的“学校适应期”，进入二年级后，许多家长发现孩子又出现了许多新的问题：“做事三分钟热度”“学习马虎粗心”“干活丢三落四”“调皮好玩乱闹”“喜欢把家里弄得乱七八糟”……这些问题无疑成为孩子良好习惯养成的拦路虎，令家长头疼不已，束手无策，同时，家长也疑惑不解：在家庭里，同样是要求孩子做家务，为什么别人家的孩子能坚持做下来，而自己家的孩子却半途而废呢？同样是学习，为什么别人家的孩子能静心于学习，而自己家的孩子一会儿说要喝水，一会儿要上卫生间，总是安静不下来，父母的说教与叨唠也毫无作用？

随着二年级孩子的活动范围不断扩大，孩子的人际关系也变得丰富起来，他们更加在意别人对自己的评价，自尊和自立的意识也在增强。那么，家长如何在这个时期科学地教育孩子，使孩子养成良好的习惯，拥有良好的人际关系？

本册书针对二年级孩子的年龄特点，以“学会劳动，善于交往”为核心主题，围绕“家风建设”“习惯养成”“幸福学习”“友善关系”“健康成长”“与校共育”六个方面，从劳动教育的意义和必要性，劳动对孩子成长的影响等方面，结合实际的案例分析和科学实用的家庭教育策略，带领家长站在孩子未来发展的角度，耐心陪伴孩子学会劳动、学会自立、学会观察、学会交往，帮助家长与学校携手共建良好环境，培养孩子良好的习惯，使孩子自信地健康成长。

俗话说：“三岁看大，七岁看老。”小学二年级正是孩子学习、生活习惯形成和巩固的关键时期。在家庭教育中，需要家长不断学习，积极更新观念，用自己的智慧引领、帮助孩子系好人生的“第一粒扣子”，从小培养孩子良好的习惯，为孩子未来发展打下坚实的基础。

目　录

二年级上册

第一专题　共同劳动，尊重劳动　/1

劳动是人类生存与发展的基础，劳动创造了人类，劳动创造了世界。劳动对培养和发展孩子的健康人格有着积极而重要的意义。立足家庭，从家务劳动开始，与孩子一起参与劳动。学会劳动、尊重劳动、学会合作的孩子，才能独立面对社会，才能有所作为、有所发展。

第二专题　自理勤俭，乐于分享　/25

让孩子从小养成良好的习惯，从引导孩子学会归置自己的物品开始，培养孩子自理自立的能力；从鼓励孩子做家庭开支的记账员开始，让孩子感受劳动的艰辛，树立勤俭节约的意识；从鼓励孩子与人分享开始，培养孩子乐于分享的品质。

第三专题　学会观察，善于积累　/50

学会观察身边的人与事，是培养孩子对周围人的关心、照顾、理解、尊重的能力的基础；阅读是孩子增长知识的必要手段，是树立理想和人生观的重要工具，更是养成好习惯的必经之路；兴趣可以引导人发掘自身潜力，形成一个人学习与成才的内驱力。

二年级下册

第四专题 交“好”朋友，做友善人 /77

家长应当鼓励孩子与其他孩子交谈，培养孩子的交往能力，引导孩子学会辨别，建立正确的择友观。孩子可以从与玩伴的互动中，认识自己、发展友谊、发现新经验、培养解决问题的能力，变得独立与自信。

第五专题 自信阳光，健康成长 /103

自信心是孩子成长道路上的基石，是学习过程中的润滑剂，是生活中必不可少的勇气来源。家长应鼓励孩子尝试做力所能及的事，及时肯定和赞扬孩子的良好行为，培养孩子的自信心，使孩子勇于迎接挑战、克服困难。

第六专题 积极主动，家校共育 /132

培养孩子是学校的责任，也是家庭的责任，家庭教育和学校教育应互为补充，形成合力。开启家校共育模式，让孩子在家长的示范、引领下，在创设的情境中，通过沉浸式、融合化的劳动体验将劳动教育与孩子的生存技能训练、生活习惯培养、社会交往活动相融合，让学会生存、积极生长、幸福生活成为孩子生命的样态。

二年级上册

第一专题 共同劳动，尊重劳动

劳动作为人类生存的一种活动，是每个人必备的基本素质。热爱劳动是中华民族的传统美德。家庭是孩子的第一课堂，劳动教育要从娃娃抓起，让孩子从小培养劳动意识，养成热爱劳动的习惯，对孩子的全面发展具有重要的意义。

经过一年的小学适应期，二年级的孩子已经建立了一个较为稳定的学习生活模式。这时孩子的脑功能发育处于飞跃发展阶段，他们的大脑神经活动的兴奋性水平提高，主要表现为既爱说又爱动。孩子内心渴望自己能成为小大人，主动地参与具体的实践劳动，但由于脑功能发育尚未完善，他们做起事来还不会考虑后果，注意力不持久，经常丢三落四，半途而废，甚至帮倒忙。面对孩子在劳动中的种种状况，许多家长内心感到很困惑：在家庭劳动教育中，孩子不愿意劳动，如何沟通？孩子不能坚持劳动，如何协商？孩子不珍惜劳动成果，如何引导？

家庭是孩子良好劳动习惯形成的主阵地。实践证明，从小热爱劳动的孩子，动手操作能力强，能吃苦，有才干，善于交往，对生活充满自信。家长应树立以勤劳为荣的劳动观，鼓励孩子做一些力所能及的家务，增强孩子的家庭责任感，使孩子掌握一定的劳动基本技能，培养共同合作、尊重劳动等品质，做好父母的小帮手，成为家庭中的劳动小能人。

劳动光荣
——做力所能及的家务

案例分析

小文一出生，爷爷奶奶为了照顾他，就把经营多年的商店转让了。在爷爷奶奶的精心照顾下，小文一直过着衣来伸手、饭来张口的生活，家中的任何劳动都与小文无关，甚至到了7岁，小文还不会洗碗。如果家人没有办法满足他的要求，他就发脾气，甚至对大人拳打脚踢，直到满足他的要求为止。妈妈原本认为小文还小，闹点情绪是正常的，可是随着小文渐渐长大，小文妈妈意识到小文身上的问题越来越多：虽然学习还不错，但是害怕去学校，在学校不是与这个同学闹矛盾，就是因为一些小事生气。小文妈妈曾经与爷爷奶奶沟通，希望他们放手让孩子学会独立生活，他们却说："孩子还小，不会洗碗有什么关系？"小文爸爸对小文的情况漠不关心，除了工作，每天都沉迷于游戏，小文找他玩，他总是不耐烦地支开小文。小文妈妈既焦虑又无奈……

劳动是人类生存的基础和条件，是一个人在体格、智慧和道德上臻于完善的源泉，对孩子的人生发展有着积极而重要的意义。通过做家务，可以培养孩子吃苦耐劳、办事有条理、珍惜劳动成果、勤俭节约、善于合作等优良品质。劳动观念的培养、劳动习惯的养成、劳动技能的掌握，是孩子成才的必要条件。案例中，由于小文的家长缺乏劳动教育意识，小文的劳动教育基本上是缺失的。孩子不能体会劳动的辛苦，无法得到意志的磨炼和品格的培养，反而滋生了依赖心理，只知索取，不懂付出，也无法融入集体生活。

孩子缺乏劳动意识，主要有以下几个方面的原因。

1. 家长心疼孩子，担心孩子吃苦受累

现在的很多孩子娇生惯养，很多家长舍不得让孩子做一点儿劳动，生怕把孩子累坏，因此家长事事代劳。有些二年级的孩子吃饭、穿衣还得靠家长，上学、放学都是爷爷奶奶帮忙背书包。孩子逐渐养成了依赖、懒惰的恶习，认为家长为他们做的事情是理所当然的，不能体谅家长的辛苦付出。

2. “重智育，轻劳育”的养育观念

有的家长仅仅鼓励孩子学习文化知识，认为读书是人生第一大事，为了不影响孩子学习，几乎不让孩子参与家务劳动，忽略了劳动本身就是一种学习。一部分孩子虽然学习优秀，但劳动观念却很差。由于没有良好的劳动习惯，他们在家里家务能不干的就不干，能偷懒的就偷懒；在学校里轮到自己做值日时总是能溜就溜，不能溜就敷衍了事。脱离生活、脱离劳动的教育，会扼杀孩子的身心发展，让孩子变成学习高能、生活低能的“书呆子”。

3. 没有考虑到孩子的实际能力

一些家长能够意识到劳动的重要性，放手让孩子去做，但忽视了孩子的年龄和能力，没有教会孩子做家务的方法，或把一些本来不适合孩子的劳动强加给孩子去做，孩子可能就会因多次失败而失去劳动的积极性。如果家长这时候抱怨孩子劳动速度太慢、质量太差，孩子便会逐渐讨厌做家务。在日常生活中，家长要按照孩子的体力和能力，给他分配一些力所能及的家务，如扫地、收拾房间、擦桌椅等，同时，家长还要在一旁耐心仔细地教孩子劳动程序、方法及重点，并且注意示范，让孩子明白如何做是对的。

4. 鼓励孩子劳动的方法不当

孩子偶尔劳动一下，好奇心得到满足，但好奇心一过，就会觉得枯燥，毕竟劳动本身是一项耗费体力的活动。有些家长为了让孩子做好家务，采取的是金钱、零食、购物等奖励方法。这样的做法，虽然可以让孩子把家务做好，但很容易使孩子形成唯利是图的心理，也会导致孩子

对劳动产生负面认识，认为劳动是件苦差事，忽略了做家务背后真正的责任感和意义。

5. 把劳动当成惩罚孩子的手段

当孩子犯了错误时，有的家长喜欢用劳动来惩罚孩子。这种惩罚不仅不会让孩子认识到错误，而且还会让孩子认为劳动是一件痛苦的事情，会让孩子失去对劳动的兴趣，甚至会抵触劳动、厌恶劳动。

了解孩子

经历了小学一年级的适应期，孩子在群体规则的约束下，已经懂得在学校知规矩、守规矩，他们也逐渐学会了整理自己的学习用品，学会了一些简单的劳动，但孩子的劳动随意性还比较强，喜欢凭一时的兴趣去做事，往往只有三分钟热度，缺乏耐心和毅力。在家庭教育中，家长要善于利用家务劳动，因势利导地培养孩子形成良好习惯。家长带领孩子一起做家务劳动时，必须先了解孩子在这个阶段的成长特点。

一、孩子处于身体快速生长发育的阶段

孩子在劳动实践中，必须运用他们的智力和体力，使身体的各器官及其机能得到锻炼和发展。二年级孩子的身体正处于快速生长发育的阶段，参加适度的劳动，能使肌肉、筋骨得到锻炼，促进新陈代谢，增进神经系统、循环系统、呼吸系统的机能，提高其抗病能力，增强孩子的体质和体力。

二、孩子渴望得到肯定和鼓励

二年级的孩子都有想要帮家长做事的欲望，他们渴望从帮忙做家务中获得家长的称赞与肯定，并借此证明自己长大了。家长的表扬会让

孩子觉得自己的辛苦得到了认可和肯定，从而在以后的劳动中会更加积极。因此，家长应该给孩子施展能力的机会，在孩子劳动后，应当对他们的良好表现给予鼓励。由于孩子身心发展尚未完善，能力和体力有限，在参与家务劳动时难免会出现动作慢、出错误等现象，这时家长切不可指责、嘲笑孩子，要对孩子的力不从心抱有足够的耐心，即使他们把事情搞砸了，也要肯定他们的劳动成果，并加以正确的指导。

三、孩子有参加劳动的愿望

二年级的孩子是很喜欢做家务的，在他们眼中，这不是劳动，而是一种游戏，既可放松身心，又能得到锻炼。家长一定要因势利导地激发孩子的积极性，对孩子进行具体的指导，即使他们做得不好也没关系，孩子的劳动意识和能力会在做家务的过程中逐渐得到培养和加强。

四、孩子坚持劳动的毅力比较差

二年级的孩子对自己喜欢的事情兴趣会格外高涨，也愿意集中注意力去做。相反，如果遇到自己不喜欢的事情，他们就不愿意做，如果家长再不断地催促，孩子就会更加提不起精神，此时，孩子最容易出现分心走神、粗心大意的情况。孩子做家务劳动常缺乏毅力，坚持性差，因此，家长在引导孩子做家务时，不要命令孩子，要以平等的语气与孩子说话，允许孩子自己选择感兴趣的劳动和喜欢的做事方式，让孩子在劳动中体验乐趣。同时，应注意孩子劳动的时间，每次劳动20～30分钟，应及时提醒孩子休息，避免孩子因长时间的劳动而感到枯燥乏味或出现疲倦的状态。

让我们走进孩子的心灵，了解他们的内心感受吧！

1. 我希望父母能信任我，能让我做些力所能及的家务

我看到爸爸妈妈做家务时，我总想帮助他们做一些力所能及的事情，但是，他们总对我说：“快去学习吧！你还小，做不好家务，别在这里碍手碍脚了。”其实，我真的希望爸爸妈妈别把我当作小孩，我也想动手做一做，和爸爸妈妈一起参与家务劳动。

2. 我希望父母别叫我干那么多活儿

我喜欢自主活动，更喜欢在玩中实践，但我不喜欢爸爸妈妈没有理由地叫我干这又干那，这样会令我感到很烦躁。他们认为我是家中的小主人，没有理由拒绝任何家务安排。这让我觉得很反感，忍不住和他们讨价还价。

3. 我希望父母别总在我劳动时催促或批评我

做家务时，我最怕爸爸妈妈在身边催促我“做快点”。他们越催，我内心越焦急，越容易出现问题。好不容易完成了一件事，我觉得已经做得很好了，可他们总否定我，让我不知该怎么做才能更好。

家长要了解孩子的身心发展规律，读懂孩子的心理需求。带领孩子一起参与家务劳动，是家庭教育的需要，更是孩子成长的需要，这会为孩子良好生活习惯的养成奠定坚实的基础。

实施指南

对家庭而言，家务劳动有助于培养孩子的自理能力，减轻家长的负担，构建更加和谐的亲子关系；对孩子而言，家务劳动可以帮助他们形成正确的劳动观念，养成良好的劳动习惯和吃苦耐劳的精神，为将来能够更好地适应社会打好基础。家长在指导孩子参加家务劳动时，可以参考以下策略。

◆ 策略一：以身作则，树立崇尚劳动的良好家风

列夫·托尔斯泰曾说："全部教育，或者说千分之九百九十九的教育都归结到榜样上，归结到父母自己生活的端正和完善上。"孩子是父母的一面镜子，那么孩子的修养自然也就透露出了父母的修养。建议家长从学会自理、卫生清洁、内务整理、物品规整、照顾家人、种植养护、衣物洗涤、厨房技能、食品加工等方面做好孩子的表率，带领孩子参与其中，让他们体会劳动创造美好的生活和价值，激发他们参与劳动的兴趣，从而使他们形成良好的生活习惯和行为习惯。

◆ 策略二：为孩子创造劳动的机会

孩子有好奇、好动、好模仿的天性，很喜欢学着大人的样子干一些家务之类的事情。家长要顺应孩子劳动的积极性，激发他们动手做事的热情，布置一些小任务，比如：当家庭进行大扫除，孩子自告奋勇要扫地、拖地时，家长要善于抓住孩子的这份劳动热情，肯定孩子的想法，并鼓励孩子大胆地去尝试；吃饭前，可以鼓励孩子摆摆碗筷，和妈妈一起择菜；外出购物时，让孩子帮妈妈提提小东西……日常生活中，家长应多为孩子创造劳动的机会，这样不仅可以锻炼孩子的身体，还有利于孩子养成良好的劳动习惯，增强孩子在家庭中的责任感。

◆ 策略三：耐心教会孩子劳动的要领和技巧

孩子刚开始劳动时，往往做得很慢，有时甚至会闯祸。家长不要因此就不让孩子动手，而要给孩子示范正确的动作，耐心教给孩子劳动的程序、操作要领及技巧，鼓励孩子坚持劳动，养成习惯。例如，家长要求孩子择菜，就应该教孩子认识不同的蔬菜，懂得辨别蔬菜的新鲜程度，学会常见蔬菜的择菜方法等。孩子只有掌握了劳动的技能，才会愿意去做。家长可以先带着孩子一起劳动，逐渐过渡到让孩子独立操作。同时，家长也要注意孩子在劳动中的安全，劳动的时间和强度也要适当，提醒孩子注意防护，避免发生意外。

◆ 策略四：善于鼓励和表扬孩子

家长要让孩子养成动手又动脑的习惯。在劳动之前，家长要引导孩子先想想准备怎么做，怎样做才能又快又好。家长要适当降低期望与标准，当孩子做得不好时，应帮助孩子分析原因，明确应该如何做，把这些失误当作孩子成长的机会，鼓励孩子坚持劳动，养成习惯。

如果孩子将每项工作完成得又快又好，家长应给予客观的鼓励和赞美。孩子在劳动后得到表扬，会获得劳动的成就感，会促使他们在以后的劳动中更加注意劳动质量，养成精心细致的习惯。值得提醒的是，家长的鼓励和表扬一定要保持某种程度的理性，夸得过多，孩子可能就不以为意，无所谓了。如果孩子完成收拾学具、叠被子等自我服务性劳动都得到表扬，久而久之，孩子很可能就会把劳动当成家长的事，不利于培养孩子的劳动意识。因此，家长一定不要滥用表扬。

总而言之，由于二年级孩子的可塑性强，在教育中，家长要以言传身教、以身作则为主，努力为孩子的健康成长创设和谐的家庭环境。在劳动过程中，家长要相信孩子、鼓励孩子，与孩子一起参加各种劳动实践活动，耐心地做孩子人生的引路人，使孩子的各种素质在劳动中得到全面提高。

商议协作
——共同劳动，学会合作

案例分析

除夕，小黎家里邀请了许多亲戚朋友一起吃年夜饭。小黎一家四口人商量该如何进行筹备：妈妈负责去超市买食材，奶奶负责洗菜和洗碗，爸爸负责炒菜，小黎负责煮饭、摆放碗筷。小黎非常贪玩，一早就去邻居家玩了，妈妈嘱咐他说：“别忘了分给你的事。”小黎边跑边答应着：“没问题，放心，我记住了。”小黎傍晚才回来，把碗筷乱七八糟地摆在桌面上，然后就跑到自己的屋子里玩玩具了。开饭时，大家才发现小黎没煮饭。小黎羞愧地低下了头。这次教训对小黎而言印象深刻，他充分认识到了协作的意义和重要性。

劳动可以培养孩子的合作精神，要让孩子学会合作，可以从家务劳动开始。让孩子意识到，在家庭生活中，每个人都要各司其职，相互帮助，才能生活圆满。劳动本身对孩子就是一个很好的教育，知道维持一个家庭的正常生活需要付出多少劳动，孩子才会体会到父母的辛苦。

与人合作的能力已成为当今世界人才的重要素质之一。目前由于孩子中独生子女数量较多，任性、脾气大、与人合作能力差成为大多数孩子心理品质上的弱点。孩子缺乏合作意识的原因有以下几个方面。

1. 家长的娇惯和溺爱

在许多家长看来，孩子是自己的心肝宝贝，含在嘴里怕化了，捧在手里怕摔了。在孩子的成长过程中，家长处处保护孩子，事事满足孩子，这在无形之中强化了孩子的独享意识和自我意识，孩子习惯于以自我为中心，对他人的感受关注得比较少，甚至丝毫不考虑他人的感受，缺乏与人合作的意识。

2. 不恰当的沟通方式

家庭里的合作建立在正确的沟通模式之上。作为家长，我们经常习惯摆架子，对孩子呼来唤去，用命令的口吻和孩子交流：“去把我的钥匙拿来！”“10分钟内把你的玩具收拾好！”“走开，没你的事。”……在多数情况下，孩子会选择服从命令，但是不会发自内心地和家长合作，甚至会对家长的命令感到抗拒和反感。

随着孩子年龄的增长和心理的发展，他们了解的事情越来越多，动手能力也越来越强，这会让他们感觉到自己是一个完全独立的人，希望能够脱离家长的管束。在和孩子沟通的时候，如果家长的态度强硬，经常采用命令的语气，孩子会觉得很没有面子，从而采取一些对抗的做法。当家长要求孩子合作时，应该在平等、尊重的前提下与孩子沟通，孩子会更愿意听从，更愿意和家长合作。

3. 家庭氛围的影响

孩子合作意识的培养首先是在家庭中开始的。有些家庭里，家和万事兴，就是因为家人之间通力合作，谁也不抱怨谁，都竭尽所能地为家庭付出，积极地做自己擅长的事情。而在有的家庭里，家庭成员经常不能做到密切合作，常常因为很小的事而发生争执。每一个家庭成员都配合进行劳动的家庭会给孩子轻松的氛围，这对孩子的身心发展是非常重要的。如果家人之间的合作并不融洽，孩子也就很难学会合作。

了解孩子

家庭是一家人学习与生活的重要场所，是情感的归宿，它给人带来安全感和幸福感。让我们走进孩子的心灵世界，了解孩子的所思所想。

一、孩子的内心渴望归属感

每个人都希望自己归属于某一个团体，能够被这个团体中的其他人接纳和肯定，更希望自己在团体之中能占一席之地，从而在这个团体中获得归属感。孩子也是如此，但他们的这种感觉常常因为家长的某些行为而得不到满足。有的家长因为孩子小而不让孩子为家庭做贡献，或者因为孩子洗碗时把碗打碎而厉声斥责孩子，这些都是忽视孩子归属感需求的表现。当孩子归属感的需求被忽视时，他们就会没有安全感，进而会对家庭这个团体失望，逐渐变得没有责任感。不仅如此，当孩子的心理归属感得不到满足时，他们甚至还会变得不肯与家长合作，故意忽视家长的要求。在日常生活中，家长要让孩子时刻感觉到他是属于家庭这个集体的，并给他提供一些机会，证明他对家庭是有所贡献的。例如，当孩子把地板打扫干净时，家长要真诚地向孩子表示谢意："因为你的帮忙，家里变得干净多了。"这会让孩子产生这样一种感觉：我是有用的，全家人都需要我。这样，孩子今后就会更加积极地为家庭做一些力所能及的事情。

二、孩子渴望得到家长的尊重

孩子虽然还小，但却是一个人格与情感都相对独立而健全的个体，有着和成人一样丰富的情感世界，与成人一样有着被尊重的渴望。因此，家长应放下架子，信任、尊重、理解孩子，与孩子商议协作，让孩子畅所欲言，在达成共识的基础上让孩子去做力所能及的事。尊重孩子劳动的权利，信任孩子的能力，给孩子展现自己的机会。尊重孩子的劳动成果，孩子在家务劳动方面取得进步时，不要忘了及时给予表扬；即使孩子做得不好，也不能显得不耐烦，更不能用不当的言行举止打击孩子，要不断鼓励他，增强他的信心。

三、孩子的合作处于简单配合阶段

儿童的合作行为呈现出年龄特征：6～7岁儿童的合作处于低级的简单配合阶段，9岁儿童基本上形成了具有互相协作关系的合作行为，11

岁儿童开始出现齐心协力的、重视整体利益的、协调一致的合作。这同儿童的社会认知、自我概念的发展是分不开的。家长要根据孩子的年龄特点和实际能力，循序渐进地锻炼孩子与人协作的能力。

在家庭中，如何体现民主，共同营造一个有商量、有协作的良好家庭环境呢？让我们来听听孩子的心声吧！

1. 家务是妈妈的事

在我们家，做饭、洗衣服、打扫卫生都是妈妈的事，妈妈的家务似乎永远也做不完。爸爸很少做家务，回到家不是加班工作就是玩手机。我想帮妈妈分担一些家务，妈妈却说："妈妈不用你帮忙做家务，你只要好好学习就行了。"

2. 我已经尽力做了，请给我一些鼓励或指导

我是家中的小主人，我能扫地、擦桌子、洗菜、洗碗、收衣服等，把我们这个小家收拾得整整齐齐。但是，擦桌子时，我已经尽力擦了，妈妈说擦得不干净；洗菜洗碗时，我已经用心洗了，爸爸说洗得有点马虎；收衣服时，我已经把衣服收好了，妈妈说叠得不整齐……我希望得到爸爸妈妈的鼓励或指导，而不是挑毛病。

3. 我希望能为家里出一份力

一天，妈妈的手受伤了，无法干家务活，而且爸爸又外出了，没人做饭。我按着妈妈的吩咐自己煮了面条，并且在饭后主动刷碗，受到了妈妈的称赞。能够为家里出一份力，我很高兴。

如果家长学会理解孩子的心理需要，学会与孩子商议与协作，处理好自己的想法与孩子的想法之间的矛盾，建立良好的亲子关系，很多教育的问题就会迎刃而解。

实施指南

如果说，让孩子参与劳动是勤劳家风在孩子成长中的传承，那么与孩子商议协作则是在传承过程中建设和谐家庭的重要前提。要培养孩子的合作精神，可以采取以下几种做法。

策略一：为孩子创造良好的家庭氛围

家长必须把家庭成员之间的关系处理好，对邻居和来客要热情、有礼貌，以使孩子在潜移默化中养成尊重、爱护别人的好习惯。

策略二：尽量让孩子自己解决与他人的矛盾

在集体活动中，在孩子之间发生矛盾时，尽量让他们自己解决问题，使他们获得与人相处的经验，使他们与人合作的能力有所提高。

◆ 策略三：让孩子学会关心别人

要使孩子学会关心别人，首先要教育他们从小关心自己的父母，关心家庭中所遇到的困难。当孩子主动提出关心他人的要求时，家长要及时给予积极的肯定和支持。

◆ 策略四：有意识地培养孩子的合作意识

在日常生活中，家长要有意识地培养孩子的合作意识。家长可以要求孩子去完成一件一个人不能完成的事情，让孩子学会与其他人一起完成；也可以与孩子合作完成一件事情。这样，可以让孩子认识到一个人的能力是有限的，有的事情需要合作才能完成。例如，孩子想要与父母一起玩游戏，但父母还有家务需要做，这时候父母就可以提出条件：你先帮我做家务，然后我再陪你玩游戏。这样，让孩子体会到合作带来的成功，让孩子明白与他人合作可以取长补短，合作不仅给别人带来发展，也给自己带来成功，合作就是双赢。在学习上，家长需要引导孩子进行合作，让孩子在与同学的相处中互相交流，互相合作，这样有利于孩子与同学之间取长补短，也可以有效地提高孩子的学习成绩。

◆ 策略五：召开家庭会议，一起讨论家务劳动的分工

家庭会议是和谐的家庭氛围的催化剂，它可以帮助家庭成员了解彼此的工作、学习、生活等近况。家长要想培养孩子的合作精神，还可以对家务劳动的分工进行一些讨论，列出家庭生活所包括的劳动项目，让孩子从劳动项目单中选出一些力所能及的愿意承担的内容。这样做给了他们一个自我选择的机会，而非忽视他们的意愿，独断独行。当然，让孩子自己进行选择并不能保证一定能够做到最好，其间会有反复，但因为这是他们的决定，家长在与孩子交谈时就有合理的依据来要求他们实践自己的诺言。这样做的时候，家长不是以长辈的威严来压制，而是以团队队长的身份来检查队员的工作，提醒孩子作为一个团体成员所需尽到的职责。

陪伴孩子成长是一个漫长的教育过程，在这个过程中，要尊重孩子，与孩子一起协商、合作，培养孩子的合作精神，让家庭真正成为孩子健康成长的温馨港湾。

尊重劳动
——学会珍惜劳动成果

案例分析

七岁的瑶瑶聪明活泼、乐于助人，无论是在家还是在学校，都是深受欢迎的小朋友，可她也有个不太好的习惯。

周日，爸爸说要带瑶瑶出去散散心，顺便买点生活用品。于是，下午四点，一家三口就往县里最大的超市出发了。路上，兴奋的瑶瑶就像一只刚出笼的小鸟，叽叽喳喳的。路过姑姑开的饮品店时，姑姑给口渴的瑶瑶递了一杯凉粉。瑶瑶道了一声“谢谢”后，就拿着凉粉边吃边和爸爸妈妈继续往超市走了。可没走几步，瑶瑶说了句“不好吃”，就把刚吃了两三口的凉粉扔在路边了。妈妈的脸涨得通红，她严肃地对瑶瑶说：“请你马上把杯子捡起来，丢到前面那位清洁工阿姨的车上！”瑶瑶从没见过妈妈这样严厉，吓得不敢吱声，乖乖按照妈妈说的去做了。妈妈又说：“你把清洁工阿姨刚扫干净的路面又弄脏了，快向她道歉。”妈妈一边说一边走到清洁工人的身边，向她借了扫把，把洒到地上的凉粉打扫干净。看着这一切，瑶瑶脸红了，不好意思地向清洁工阿姨说了一声：“对不起！”爸爸也语重心长地对瑶瑶说：“姑姑熬夜做出的凉粉，被你浪费了；清洁工阿姨辛苦扫干净的路面，被你弄脏了。你呀，怎么这么不珍惜劳动成果呢？”瑶瑶更羞愧了，小脑袋差点垂到地上了……

一粥一饭，当思来处不易；半丝半缕，恒念物力维艰。生活中的一切用品都是劳动者用辛勤的劳动创造出来的，都来之不易。在现实生活中，很多孩子缺乏尊重劳动成果的意识，仍存在只考虑自己不顾及他人的自私行为，总认为别人的付出是理所当然的。例如，把吃不完的零食、水果随手一扔；不体谅父母劳动的艰辛，不爱护父母打扫过的房间；不珍惜老师辛苦备课的成果，上课开小差；不珍惜清洁工人的劳动，破坏公共环境……孩子不尊重劳动、不珍惜劳动成果的原因大致有以下几种。

1. 孩子缺乏劳动体验，不知劳动的艰辛

教育孩子尊重劳动、珍惜劳动成果，首先要让他有劳动的体验。而现实生活中，大部分家庭的家务劳动由家长全包，导致孩子极少有机会动手，孩子成了名副其实的“温室里的花朵”。由于孩子没经历劳动的过程，孩子不知劳动的艰辛，自然就不明白劳动果实的来之不易，就不知道尊重别人的劳动果实的重要性，不知不觉中养成了自私、挑剔、依赖、懒惰的习惯，只顾自己的感受，不懂得体恤他人。

2. 家长轻易满足孩子的要求

有的家长过于娇惯孩子，孩子要什么就给什么，使孩子对物品不爱惜或持无所谓的态度，觉得损失了没关系，反正家长还会再买。

3. 家长没有尊重孩子的劳动成果

有的家长发现孩子做家务劳动做得不好，就批评指责；孩子整理的书桌，家长任意放置与学习无关的东西；孩子的手工作业，没有征得孩子的同意就随手丢弃……这些做法，都是没有尊重孩子的劳动成果的表现。孩子的劳动成果，是孩子辛勤劳动的结晶，是付出了汗水和艰辛的。尽管对于家长来说，还有不尽如人意之处，但孩子却是很珍惜的。孩子对劳动成果的珍惜，会转化为对劳动的热爱。不论是因为什么，家长任意毁坏孩子的劳动成果，都可能会对他们造成思想感情上的伤害，使他们对劳动产生冷漠的态度。

家长要尊重、珍惜孩子的劳动，才能让孩子懂得爱护自己的劳动成

果和热爱劳动，也会使他们尊重别人的劳动。

4. 家长对劳动缺乏正确的认识

劳动只有分工不同，没有高低贵贱之分。任何一种劳动都能创造财富，为社会做出贡献。由于不同的劳动者在工作环境、工作条件和收入等方面享受到不同的待遇，因此，有的家长存在不平等的思想，认为劳动有贵贱之分，甚至轻视体力劳动，轻视体力劳动者。

家长是孩子每天接触最多的人，家长的一言一行对孩子都有着深刻的影响。如果家长本身就不懂得尊重劳动者，不会平等待人，那么孩子往往就会受到不正确的思想观念的影响。在日常生活中，家长一定要以身作则，平等、友善地看待各行各业的劳动者，让孩子明白：劳动者之间只有社会的分工不同，所有劳动者都是平等的，只要勤勤恳恳地为社会创造财富，为人民服务，就值得尊重。

总之，作为家长，我们要设法找到症结所在，帮助孩子树立正确的劳动观，引导孩子珍惜劳动成果，更要像瑶瑶妈妈一样注意日常的引导和教育，让孩子知道：劳动创造了幸福，劳动创造了一切；珍惜劳动成果是一种美德，是尊重劳动人民的具体表现，我们要珍惜学习用品和生活用品。

了解孩子

作为家长，要让孩子树立正确的劳动观并珍惜劳动成果，我们首先要了解孩子。

一、孩子需要家长支持他们参与劳动

二年级的孩子已经基本适应小学的学习生活。他们知道学校有规章制度和要求，努力遵守课堂纪律，认真完成作业，遵守公共秩序，也有了简单的自我服务性劳动的基础。他们都想成为老师、家长眼中的好孩子，希望能做一些力所能及的事。但生活中，不少家长只重视智育而轻视劳动教育，例如，当孩子提出“我也想……”的劳动愿望时，有的家长会直接拒绝：“走走走，好好写作业去。”或者经常对孩子说：“不认真听课，罚你扫一周的地。”“不努力学习，以后去扫大街”。家长这样的言行，无疑给孩子传达了错误的劳动观，既挫伤了孩子的劳动兴趣，导致孩子不爱劳动、不想劳动，也让孩子对普通劳动者产生轻视的心理。

二、孩子不再需要家长全方位的照顾

由于有了幼儿园及一年级的生活经验，二年级的孩子已具有初步的自理能力。但在日常生活中，很多家长习惯对孩子事事包办、有求必应，甚至是无条件地满足孩子。这个年龄阶段的孩子参与劳动实践的机会本来就不多，再加上这种长时间的不劳而获，孩子自身的惰性就会显现，还会滋长只知享受、不知辛劳、任性妄为等毛病，孩子没有劳动观念、不珍惜劳动成果就是很自然的事了。

尊重他人，尊重他人的劳动成果，学会珍惜劳动成果，是人际交往时必须遵循的原则。如何让孩子学会尊重？接下来，让我们听听孩子内心的想法吧！

1. 我希望爸爸妈妈能言行如一

爸爸妈妈，你们总是指责我：挑吃挑穿，浪费粮食，把家里搞得乱七八糟，不懂得珍惜你们的劳动成果，不懂得尊重你们。但是我也经常见到你们乱倒粮食，我刚整理好的沙发，又被你们弄得乱七八糟了……

2. 我希望爸爸妈妈能给我劳动的机会

不好吃的食物我就扔，不能用的物品我就丢，经常把家弄得乱七八糟。但是家里脏乱了有爸爸妈妈收拾，从来不让我动手。我希望爸爸妈妈能给我劳动和锻炼的机会，或许只有体验过劳动，我才能知道劳动的辛苦，才能学会珍惜劳动成果。

3. 我希望爸爸妈妈批评我时能告诉我具体该怎么做

在家里，爸爸妈妈总会不停地唠叨："刚清理的客厅，又被你搞得一团糟了。""这么好的西瓜，怎么刚吃几口就扔了？太浪费了。""怎么回事，为什么煮那么多饭？"这样的责备让我不知所措：客厅的东西怎么摆才算整齐？西瓜要吃多少、饭要煮多少才不算浪费？

4. 我希望爸爸妈妈也能学会尊重我的劳动成果

周末到了，我想在爸爸妈妈的面前表现一下，于是，我在家中学着妈妈的样子，开始洗衣服、晾衣服、整理客厅、收拾房间等。做了那么多的家务，我心里美滋滋的。可是，爸爸妈妈不但没有夸我，反而挑起了毛病：衣服晾得不整齐，客厅沙发下面还有垃圾……我以后都不想干这些家务活了。

实施指南

◆ 策略一：引导和鼓励孩子积极参加劳动

热爱劳动的习惯要从小养成。只有让孩子从小得到基本的劳动锻炼，他才能真正感受劳动成果的来之不易，进而懂得尊重劳动者，珍惜劳动成果。家长要善于抓住日常生活中的劳动实践机会，利用日常家务来引导、鼓励孩子积极参加劳动，培养孩子正确的劳动观和价值观。

◆ 策略二：及时肯定孩子的劳动并予以表扬

对于孩子来说，他们十分希望自己的劳动能得到家长的认可和肯定，因此，家长应当尊重孩子的劳动和付出，及时肯定孩子的劳动成果，保护孩子的劳动积极性。当然，由于孩子的能力有限，他们做的事情往往不能尽善尽美，对此，家长一定不能嘲笑或呵斥，而是应在表扬优点的基础上提出改进的要求。

◆ 策略三：拒绝孩子的不合理要求

迁就和顺从孩子的不合理要求，实际上是助长他们“以自我为中心”的不良意识。这种自我意识的无限膨胀，容易使孩子变得自私自利，完全不懂得感激父母，认为一切是理所当然的，也就更加无法理解劳动成果的来之不易了。因此，家长要拒绝孩子的不合理要求。当孩子提出各种要求时，家长可先了解孩子的实际需求，如确实需要就予以购买，对用途不大的物品、只满足一时口腹之欲的零食和只满足一时好奇心的玩具则加以拒绝。

◆ 策略四：通过具体的形象和事迹对孩子进行劳动教育

家长可以通过具体的形象和事迹对孩子进行劳动教育。可以结合孩子的生活实际，引导孩子认识我们平时所享用的一切物质生活条件和精神生活条件来得多么不容易。比如，带孩子参观工厂、农村、公共汽车站等，还可以和孩子同当工人、农民的亲戚一起工作、生活一段时间，亲身体验一下他们的生活和生产劳动情况，让孩子亲眼看一看普通劳动者是怎样默默地为社会、为他人辛勤劳动的。还可以充分利用电视、网络所宣传的劳动模范的事迹，引导孩子了解、学习他们的优秀品质。

社会上的各个公共场所、设备设施以及制度规范，都需要人们付出劳动。但这些劳动是孩子不易看见的，家长要告诉孩子这些道理并教育孩子从遵守社会行为规范做起，从爱护公共设施做起，珍惜社会各行各业人员的劳动果实。

延伸拓展

一、阅读推荐

> >> 1.《培养孩子从做家务开始》(作者：杨霞；出版单位：朝华出版社)

理由及建议：教会孩子独立生存的能力，是父母给孩子最好的礼物。这本书共九章，分别介绍了做家务的意义，在家务中如何培养孩子的能力和情商，如何引导孩子爱上做家务，等等。不仅告诉家长如何教孩子做家务，而且也能唤醒家长要让孩子学会做家务的意识。

> >> 2.《会做家务的孩子更幸福：——1—10岁孩子做家务指南》(作者:〔日〕辰巳渚；出版单位：漓江出版社)

理由及建议：这本书以图文并茂的形式，列举了整理、洗涤、做饭等12项基本家务。每项基本家务都用适合孩子掌握的方法、步骤及小窍门等，科学地引导父母去教育孩子学会做家务，热爱劳动。阅读后，建议家长结合孩子的实际情况，做好家务劳动分工的计划，让孩子参与到真实的家务劳动中来，这样孩子才能体会到劳动的幸福。

> >> 3.《尊重，从心开始》(主编：陶西平，孙云晓；出版单位：中信出版社)

理由及建议：这本书从孩子的思想和行为入手，以通俗易懂的语言，平实丰富的事例，告诉孩子要从小事做起。在家里，学会尊重父母；在学校，学会尊重老师和同学；在社会，学会尊重他人、尊重环境、尊重地球的资源……家长与孩子阅读时，可以结合孩子珍惜劳动成果的情况，让孩子在阅读中反思自己的言行，使孩子明白：尊重他人，尊重他人的劳动成果，是一种修养，更是一种美德。

二、视频推荐

> >> 动画电影《千与千寻》(导演：宫崎骏)

该片是一部亲子电影。这部动画电影随着千寻的心理变化历程而展开，讲述了年仅10岁的千寻意外来到神灵世界后，为了拯救父母和对自己重要的人，经历许多磨难，从一个娇生惯养的小女孩，逐渐成长，变得越来越坚强能干。千寻的故事让孩子明白：劳动和勤奋是改变自身状态最好的方式。

评估改进

一、自我评估

亲爱的家长，您好！您在日常生活中的实际情况与下面列出的表现是否相符？若相符，则选“是”；若不相符，则选“否”。

	是	否
① 您认为家务劳动对孩子的成长起着积极的作用。	□	□
② 您不认同“让孩子做家务会影响孩子的学习”的观点。	□	□
③ 当孩子主动做家务时，您能够支持和鼓励他。	□	□
④ 在孩子做家务的过程中，您能耐心地引导他。	□	□
⑤ 在家中，您会采取适当措施让孩子热爱家务。	□	□
⑥ 您能做到放手让孩子去做料理自己生活的各种劳动。	□	□
⑦ 对家庭中的家务事，您会把选择权交给孩子，尊重孩子的想法。	□	□
⑧ 在您的家庭里，家务劳动有合理的分工，孩子也有明确的劳动任务。	□	□
⑨ 您能做到珍惜孩子的劳动成果，以鼓励为主，不随意批评和指责。	□	□
⑩ 在您的家庭里，有明确的维护家庭环境卫生的规则。	□	□
⑪ 您认为目前您的家庭氛围是民主与和谐的。	□	□
⑫ 您的孩子愿意参与到集体活动中，与他人合作。	□	□
⑬ 您的孩子能够主动关心家庭中的每个人。	□	□
⑭ 您会经常让孩子与您一起合作完成家务。	□	□
⑮ 您的家庭会定时召开家庭会议。	□	□
⑯ 如果孩子不爱劳动，您会想办法提高孩子对家务劳动的兴趣。	□	□
⑰ 您会经常和孩子分享劳动过程的艰辛与劳动果实的来之不易。	□	□
⑱ 面对别人的劳动成果，孩子会像对待自己的劳动成果一样珍惜和爱护。	□	□

	是	否
⑲ 当孩子在劳动过程中遇到困难时，您会鼓励孩子积极面对。	□	□
⑳ 您经常带领孩子参与各种校外志愿者活动，一起体验劳动的价值。	□	□

【评估参考】

①若您选择“是”较多，说明您是一位非常愿意支持孩子参与劳动的家长，能够很好地引导孩子热爱劳动，尊重劳动，在劳动中学会合作。

②若您选择“否”较多，说明您劳动教育意识不足，建议您更新育儿观念，多与孩子一起参与家务劳动，让孩子在劳动中健康成长，更好地面对未来的学习与生活。

二、改进计划

亲爱的家长，您好！阅读本专题后，您应该对如何引导孩子学会做力所能及的家务、学会在劳动中合作、学会珍惜劳动成果等方面有了更全面的认识。请根据您的实际情况，写出您认为自己需要改进的内容，并按计划逐项完成。

第二专题 自理勤俭，乐于分享

著名作家、翻译家巴金先生曾说，孩子的成功教育从好习惯培养开始；诗人莎士比亚曾说，不良的习惯会随时阻碍你走向成名、获利和享乐的路。的确，不良的习惯对孩子的学习、道德和心理的和谐发展都会产生一定的影响。

二年级的孩子正处于思维快速发展、极其依赖父母的时期，也处于习惯养成的关键时期。在日常生活中，我们不难发现：一些孩子有自己的想法，可以独立完成事情，但有些孩子却连完成作业、收拾书包、整理房间等简单的事情都做不好。很多孩子在生活中习惯以自我为中心，对自己不喜爱的物品随手丢弃；只顾满足自己的喜好，不乐于与伙伴分享……我们也发现：不少家长一边抱怨孩子不懂事，一边乐此不疲地陪孩子写作业，送孩子忘带的课本，替孩子收拾玩具、整理房间……在家长眼里，“亲力亲为”似乎比“改变孩子”更省心省力。殊不知，这样的做法让孩子的依赖性越来越强，逐渐导致孩子不良习惯的养成。

家务劳动是从小培养孩子自理、自立的有效方式，也是让孩子感受劳动艰辛，树立勤俭节约意识的重要途径。在打消孩子的依赖心理的同时，家长还要注意培养孩子学会分享的品质，重视孩子良好习惯的培养，为孩子今后的发展打下良好的生活“地基”。

自理自立
——合理归置自己的物品

案例分析

亮亮是某乡镇中心学校二年级的学生，他活泼好动，在课堂上总是踊跃发言，在课间休息时也总能在操场上看到他快乐奔跑的身影，班里的同学都喜欢和他交朋友。但他也随性、懒散，他的课桌上常常横七竖八地摆着课本、作业、字典、文具等，抽屉里更是凌乱不堪：水杯、纸巾、口罩等物品塞满了抽屉的每一个角落。

班主任甘老师为了进一步了解亮亮的情况，特意去家访。当她进入亮亮的家时，不由得惊呆了：客厅里几乎没有落脚的地方，到处散落着玩具、书本、文具、鞋子；沙发上随意堆着衣服、红领巾；而亮亮的房间里，衣服、被子、玩具也堆满了床铺和窗台……经过家访，甘老师得知，由于亮亮父母忙于生计，亮亮的爷爷奶奶年事已高，只能勉强照顾亮亮的饮食起居，其他的根本无法顾及。

甘老师组织开展了“好习惯，一生伴”主题班会。她先突击检查了同学们的课桌抽屉和书包，再组织大家交流和分享“归置自己物品”的做法，手把手教亮亮和其他同学收拾并分类归置书包、抽屉里的物品。她还给同学们布置了一项作业：每个周末都要整理并合理归置自己房间的物品。

亮亮的爸爸妈妈意识到亮亮在习惯养成上的不足，非常配合老师，每周抽出至少半天时间来陪伴他，并坚持每周和他一起归置物品，整理房间。

培养孩子的自理自立能力，对孩子一生的成长和发展非常关键。学会合理归置自己的物品，是二年级孩子良好生活习惯养成的重要环节，更是培养他们自理自立能力的必要手段。在生活中，也有部分二年级的孩子和亮亮一样，书包、课桌、房间的物品摆放得乱七八糟。同时，这些孩子的家长大多也和亮亮的父母一样，只重视孩子的学习和健康，却忽略了孩子自理能力和行为习惯的培养，导致孩子什么事情都依赖家长，生活自理能力和学习的自控性发展落后于同龄孩子。

孩子的自理能力差，缺乏自我服务能力的原因有以下几个方面。

1. 家长的忽视和包办

有的家长认为生活习惯不需要培养，长大了自然就形成了。有的家长认为，帮孩子减轻生活上的劳动负担是一种爱孩子的行为，因此，在生活中过度关注孩子，对孩子的事情一手包办，导致孩子得不到锻炼。家长对子女的爱护无可非议，但长此以往，孩子的自理能力发展受到抑制，造成孩子依赖性强、独立性差、生活自理能力差，连系红领巾、整理书包等小事也做不好，甚至不会做。

2. 孩子缺乏锻炼的机会

独立自主的能力不是天生的，它是要从小加以培养的，需要家长培养孩子逐步地养成自我照顾、自主生活的好习惯。尽管有的家长从孩子进入幼儿园开始已经发现了自己的孩子有这方面的不足，如孩子在幼儿园里不会自己吃饭，不像别的孩子那样擅长手工制作、画画等，但因工作忙碌，能花在孩子身上的时间和精力较少，没有引导和培养孩子的探索和学习的能力。孩子做事慢，往往要比家长花费更多的时间，一些父母嫌孩子慢，担心孩子耽误时间，就不让孩子做这些事情，结果，孩子就会因缺少锻炼机会而变得独立性差。

了解孩子

其实，对于二年级的孩子来说，因为有了一年级的小学生活体验和习惯养成训练，他们在习惯的养成及做事的自觉性、主动性上有了较明显的进步，但由于家长对孩子的成长期待及教育方式的不同，他们对孩子自理能力的引导和要求也就不一样。作为家长，应了解以下几点。

一、孩子需要家长树立榜样

培养孩子有归置个人物品的意识，讲究生活、学习的条理，家长的榜样作用非常重要。如果家长不注意自身的仪容仪表，不讲卫生，这样的精神面貌和生活状态将在不知不觉中让孩子耳濡目染；反之，如果家长能注重个人形象，用自己整洁有序的生活习惯来影响孩子，让孩子在榜样引领中模仿并获得进步，自然也就提升了孩子的自理能力。

二、孩子需要整洁的家庭环境

一个整洁的家庭环境，传递给孩子的信息是人人自律、生活有序；反之，如果家里到处凌乱不堪，那么传递给孩子的将是我行我素、随心所欲。想要孩子自觉、主动地规整物品，家长就要为孩子创造干净整洁、有序的家庭生活环境，做什么事情都尽量有规律，家里东西的摆放要整齐，有固定的地方。孩子在生活上养成良好的习惯后，在学习上也会有相同的习惯。

三、孩子渴望自主

伴随着孩子的成长，孩子逐渐渴望自主，喜欢“自己的事自己做”，不希望自己的事情都由父母安排。家长应该顺应孩子的这种想法，不要怕孩子做不好，要帮助孩子学会生活自理。孩子从小锻炼生活能力，能从中认识许多事物的相互关系。孩子通过手脑并用，亲身实践，去认识和感知社会，并在生活中学会克服困难，体验劳动的艰辛、创造的喜悦和成功的快乐，同时增强自信心和独立能力。

让我们一起听听孩子的心声吧！

1. 我希望有更多参与家务劳动的机会

妈妈从不让我自己动手系红领巾，说我动作慢，耽误时间，还系不好。有一次放学回家，我看到奶奶在择菜，便放下书包跑过去想帮忙，结果妈妈马上出声："走开走开，添什么乱，赶紧学习去。"我好想和她们一起洗碗、做菜、拖地呀。

2. 我希望能自己做主布置房间

我把我最心爱的玩具放在床上，每天陪伴我入睡；我把喜欢的鞋袜摆成一堆，方便随手穿拿，但是爸爸妈妈总说我的房间乱得像个"狗窝"，希望我做好整理和归类。可是我希望用我自己的方式布置房间。

3. 我担心做得不好被责怪

有一次，我洗碗时不小心把碗摔坏了，爸爸严厉地批评了我。可我也不是故意的呀。从那以后，我在家里很少劳动，这样就不会做错事了。

实施指南

家长应该怎样培养孩子的自理自立能力呢?

◆ 策略一：培养孩子的自理自立意识

自理能力强的孩子更自信。孩子如果学会做自己力所能及的事情，并且靠自己的能力完成，即使是很小的事，也能让他获得很大的成就感。学会做的事情越多，成就感越强，自信心也就越足。换句话说，自信心就是靠平时一点一滴的成就感积累而成的。当孩子能自己系红领巾、绑鞋带时，家长要及时称赞“你做得比我还好”；当孩子每天自己收拾书包时，要记得予以鼓励；当孩子学着归置自己房间的物品，和家长整理客厅时，家长更应该毫不吝啬地表扬和赞美。当孩子参与家务事但却不能达到家长预期要求时，家长要先肯定孩子的劳动，再耐心地指出问题，并亲自示范正确做法，做到多表扬、少指责。利用家务劳动培养孩子的动手能力，培养孩子独立、勤劳、刚强、负责的心理品质和独立的人格。

孩子自理自立能力的形成不仅依赖于行为习惯的教育，还依赖于孩子独立人格的形成。家长在日常生活中也需尊重孩子的隐私，如进孩子房间要敲门，不随便翻看孩子的日记或私自动孩子的抽屉等。

◆ 策略二：为孩子提供家务劳动的机会

除了要引导孩子学会管理自己的日常生活，家长还要充分相信孩子，为孩子提供家务劳动的机会，培养孩子自理自立的能力。鼓励孩子从小事做起，让孩子从小树立劳动的意识，知道自己的事情应该自己做，管理好自己的学习与生活。坚持让孩子自己整理书桌，收拾书包，叠衣服，洗自己的内衣、袜子，整理自己的房间，尝试在旅行前准备自己的行李，等等。此外，还可以在家里为孩子分配一些劳动，如每天负责餐后洗碗，归置鞋架里的鞋子，拿牛奶，分类垃圾，在周末做简单的早餐，去离家不远的便利店买生活用品，等等。同时，告诉孩子在完成家务劳动的过程中要耐心、细致，要坚持。如果可以更多的参与家务劳动，不仅能提高孩子的动手能力，培养孩子的自理能力，还能让他们在实践中感受到家长的辛苦和不易，学会感恩和体谅。

◆ 策略三：在学习中培养孩子的自理自立能力

学校是培养孩子自理能力的主阵地之一。在素质教育背景下，不少学校把孩子的候课、听课、做作业等常规训练作为学校的重点工作，目的是培养孩子良好的学习习惯和生活习惯。例如，老师会要求孩子提前准备好下节课的课本、文具，独立完成课堂作业。这样的学习常规训练，在不知不觉中培养了孩子的自理能力。

作为家长，在配合学校做好这些训练的同时，也应重视孩子学习习惯的培养，要抓住各种机会在学习中培养孩子的自理能力。比如，在学校里，每天都有家长给孩子送忘带的东西。孩子粗心大意，这是让很多家长头疼的问题。家长要加强监督，每天晚上睡前让孩子自己动手把课本、作业本等放进书包，上学前再次检查。孩子上学后发现没带课本或作业本打电话求助，家长不要总是想方设法赶着给他送去，只需向老师说明他已完成作业，并让老师借此对孩子进行批评教育，让孩子在接受批评和自我反思中增长记性。同时，家长要引导孩子学会自己检查作业，不再每次帮他检查，让孩子形成一个观念——学习是自己的事，完成作业是每个孩子在学习中必须做的事情，应该自己独立完成。

这样坚持下来，既能让孩子养成自主完成作业、独立思考的习惯，又可帮助孩子在学习中树立独立的意识，知道什么时候该做什么，更好地管理自己的学习，在提升孩子学习能力的同时，也提升了他的自理自立能力。

◆ 策略四：鼓励孩子积极参加学校、班级的各项活动

孩子上学期间除了学习学科知识，发展自己的各方面能力、促进自身素质的提高也尤为重要。义务教育学校每个学期、每个月甚至每一周

都会举办各种主题活动，如升旗仪式、安全演练、大扫除劳动、主题班会或各种社团活动。尽管这样的活动需投入一定的时间和精力，但这些活动为孩子提供了展示自己、发挥潜能的平台，有利于孩子增强自信，更好地融入集体。孩子在活动过程中既能学到与课堂上不一样的知识，又能锻炼动手、动脑等各方面的能力，激发约束自己、管理自己的内在动力。因此，家长要鼓励孩子积极参加活动，支持孩子参加他们感兴趣的活动。

勤俭节约

——做家庭开支记账员

案例分析

过年的时候，明明收到好多压岁钱。妈妈提议将明明的压岁钱存到银行里，等明明有需要的时候再取出来。明明立刻答应了妈妈的建议，把所有的红包都拿了出来。

"咦，怎么这么多空的呀？"妈妈皱了皱眉，这些红包有差不多一半是空的。

"我……"明明支支吾吾，"昨天我和表哥去买了遥控汽车，前几天还和红红去买了四个陀螺……"

妈妈气得满脸通红，才几天时间，明明就把长辈给的压岁钱用去了一大半。一旁的爸爸也批评他花钱大手大脚："如果全家人都像你这么随心所欲，家里每个月会入不敷出的。"为了让明明知道勤俭节约的重要性，改掉大手大脚花钱的毛病，爸爸要求他从这个月起和妈妈一起做家庭开支的记账员。于是，从这天起，在妈妈的指导下，明明当起了记账员，一笔一画地记下了家庭的开支。

妈妈拿出2月份每天开支的账单，和明明一起汇总，然后由他向家人公布：2月份家里生活开支共2792元，其中买菜1823元，买米、油270元，买牛奶、水果等337元，水电、燃气233元……通过参与记账，明明知道了家里每个月的基本生活开支是一笔不小的费用，还知道了家里每月需要还房贷，爷爷的住院费也要靠爸爸妈妈的工资支付。

从此，明明不再缠着妈妈去超市，不再把不喜欢吃的饭菜偷偷倒掉，更不再乱花钱了。

勤俭节约是中华民族的传统美德，然而在现代社会，随着人们物质生活水平的提高，许多家长对这一传统美德的教育也越来越不重视。我们可以看到，现在很多孩子不懂得珍惜自己拥有的东西，养成了奢侈浪费的习惯。比如有的孩子看到好吃的、好玩的东西就非买不可，碰到不喜欢吃的东西则随手扔掉；有的孩子挑衣服穿，不爱惜自己的书籍、玩具；有的孩子浪费水、浪费电，丝毫不觉得这是不对的事情。正如案例中的明明，短短几天时间就把压岁钱花掉了一半，这也充分暴露了他的家庭在“勤俭节约”方面的教育缺失。

我们要找出问题的根源，才能帮助孩子树立节约意识，养成勤俭节约的好习惯。综合分析，造成孩子铺张浪费的原因有以下几种。

1. 家长过于宠惯孩子

很多家长过于宠惯孩子，在吃、穿、用等方面，对孩子缺少节制，孩子想怎么样就怎么样。只要是孩子提出的要求，家长有条件就满足，没有条件也要创造条件来满足：一百多元的笔、八百多元的鞋、近千元的玩具，给孩子配置平板电脑、手机，过生日要请同学们吃饭……

家长在满足孩子物质需求的时候，忽视了勤俭节约精神的培养。不少年纪小、自控力差的孩子没有形成节约意识，在生活中铺张浪费，甚至大手大脚消费。

2. 家长的补偿行为

随着经济的发展，许多家长的工作节奏加快，每个人的生活都很紧张，使得家长没有时间与孩子进行感情交流。一些家长觉得自己太忙顾不上孩子，心里很内疚，因此，就尽量多给孩子一些钱，用钱补偿感情交流的欠缺，以求得内心平衡。一部分外出务工的家长觉得自己条件有限，无法让孩子同别的孩子一样享受更好的生活，而自己又常常不在孩子身边，产生愧疚心理，所以就从经济上补偿，尽量满足孩子的物质要求。

3. 家长不良生活习惯的影响

有的家庭条件较好，优越的生活环境会让家长忽视对生活用品、水电等各种资源的节约使用，如为了省事不随手关灯等。孩子在耳濡目染下，自然也会重复家长的行为，作业纸才写了两行就随手丢弃，刚用了一个月的文具又要换新……

4. 家长忽视对孩子的思想教育和引导

很多家长十分注重孩子的智商教育，却不关心孩子的勤俭教育和金钱观教育。家长给孩子零花钱，对孩子“钱该怎么花”却不加以引导，使孩子缺乏正确的金钱观。很多孩子生活在衣食无忧的环境里，不知道生活的艰辛，不懂得钱的来之不易，不知道钱要怎么用。缺乏正确金钱观念的孩子还可能会受到同伴的影响，产生从众心理和攀比心理，盲目追求高消费。

了解孩子

二年级的孩子正处于对教师和家长权威依附性很强的阶段，道德行为水平较低，存在模仿性行为和无意行为，且行为习惯不固定，有时会表现得言行不一致。尽管孩子从幼儿园开始就学《悯农》、背《悯农》，也明白“不要浪费，要勤俭节约”这个道理，但事实上，无论是城市还是乡村，孩子的日常行为大多遵循自己内心的喜好、模仿家长日常的行为习惯，没有过多地考虑要怎么做才更合适，怎样才是勤俭节约、不浪费。以下这些无意识的行为也暴露了孩子行为秉性的不足之处。

一、孩子的节约意识较为薄弱

在学校里，无论是早餐时段还是午餐时段，饭堂盛放厨余垃圾的桶总是堆得满满的，造成极大的浪费。孩子节约粮食的意识较为淡薄，对待“好吃”的食品就爱吃、多吃，不“好吃”的就随手丢弃，毫不可惜。调查也发现，尽管老师经常教育和提醒孩子注意节约，但在孩子参加升旗仪式、出操或上体育课时，忘记关闭教室里的电灯、风扇的现象比比皆是；孩子饭前便后洗手时往往习惯把水龙头开到最大，甚至用后也忘记拧紧水龙头。

二、孩子易产生攀比心理

有的孩子喜欢在生活享受方面与人攀比，别人买了高档文具，他也追求；别人有了新式玩具，他也想要。二年级的孩子心理和行为容易受情绪控制而缺乏理智，不能理解人的需求的满足是受一定条件限制的。孩子有攀比心理，说明孩子的内心有竞争的倾向和意识，想达到别人的水平或超越别人。家长要善于抓住孩子的这种心理，并且改变孩子一味地攀比吃穿、消费的倾向，引导孩子将攀比的兴奋点迁移到学习、能力、毅力、良好习惯方面。

三、孩子有一定的消费需求

二年级的孩子已有一定的消费需求。很多家长觉得孩子还小，担心孩子有了钱会沾染不良的行为习惯，根本就不给他们零用钱。这是一种错误的观点，毕竟当今是一个经济飞速发展的时代，孩子迟早都要走上社会，扮演形形色色的经济角色，参与到各种各样的经济活动中去。现实生活中有一些孩子到了小学二、三年级还从来没有自己买过东西，这些孩子和同学相处的时候就容易产生自卑的心理，给他们的成长造成不利影响。

其实，许多孩子也在努力培养自己勤俭节约的意识和习惯，在努力改变自己铺张浪费的不良习惯。他们希望自己成为勤俭节约这一美德的传承者，他们也希望家长能给予他们支持和宽容。让我们来听听孩子的心声吧。

1. 我希望爸爸妈妈要说到做到

爸爸妈妈，你们整天说我浪费粮食、浪费水电，教育我别再挑食，有什么吃什么，可是，你们大人自己还不是一样？妈妈从来不吃鸭肉，爸爸不爱吃青菜。还有，爸爸您还经常开着电视睡觉。你们就只会说我……我希望你们也要说到做到。

2. 我希望爸爸妈妈可以定期给我零花钱

其实我知道，爸爸妈妈、爷爷奶奶都是很爱我的，你们给我买好吃的，帮我买漂亮的衣服，可是，有时候我也想买点自己想要的东西。我们班很多同学每个月都能得到一些零花钱，我希望每个月也能得到20元零花钱。这样，除了偶尔买点我自己喜欢的小玩意儿，还可以在节日的时候买点卡片或鲜花送给你们。

3. 我想和妈妈一起记账

今天上数学课时，老师说我们可以试着多和妈妈去购物，还可以学着和妈妈记账，看看我们是不是会用人民币，能不能记好账，能不能算出家里一个月的开支。老师说记账可以提高动手能力、计算能力。我好想和妈妈一起记账啊！

任何一个国家、一个民族，如果浪费成风，那么这个国家、这个民族也就没有了希望。习近平总书记倡导全民厉行节约，反对浪费，他强调要坚决制止餐饮浪费行为，切实培养节约习惯，在全社会营造浪费可耻、节约为荣的氛围。帮助孩子改掉大手大脚、铺张浪费的毛病，培养孩子勤俭节约的意识和习惯，是我们所有家长共同的责任。

实施指南

那么，家长应该如何培养孩子勤俭节约的意识和习惯呢？

◆ 策略一：以身作则，为孩子树立节约的榜样

家长是孩子的第一任老师，对孩子的影响无处不在，家长的消费观也时刻影响着孩子。因此，要培养孩子勤俭节约的意识和习惯，家长首先要以身作则，做孩子的榜样。家长要养成勤俭节约的习惯，在衣、食、住、行等方面都要做孩子的表率。小到吃干净碗中的饭粒，随手关电灯和水龙头，不浪费纸张，不使用一次性碗筷等；大到不随便购置名牌衣物，不超计划采购家庭用品，有计划地进行家居建设，尽量以步代车、绿色出行等。在勤俭节约的家庭环境的熏陶下，孩子也会习惯于过节俭的生活。即使孩子偶尔冒出不合理的消费念头，也会知道这种想法是不对的，从而学会克制自己。

◆ 策略二：通过故事培养孩子节约的意识

二年级的孩子都爱听故事，家长可以利用晚饭后、睡觉前或者双休日等闲暇时间向孩子讲述中华民族勤俭节约的光荣传统，讲述革命领袖、英雄人物、古今名人的故事，如周恩来勤俭节约的故事、雷锋的故事、朱熹节约粮食的故事、司马光教子的故事等。还可讲述自己家庭祖

祖辈辈勤俭节约的家史，弘扬中华民族优良传统和优秀家风；讲述身边的邻居伯伯旧物利用、变废为宝的事迹或学校老师自制教具、潜心教学的故事。

这样的故事，不仅能让孩子在生动曲折的情节中了解人物形象，也能让孩子更深刻地认识到勤俭节约的意义。同时，家长还要让孩子认识到，尽管现在国家发展很快，但需要持续发展的事还很多，节约一度电、一滴水、一分钱、一粒粮食，对国家的建设和发展都有非凡的意义和作用，使孩子对铺张浪费现象有所反省，养成节俭的好习惯。

◆ 策略三：从细节引导孩子养成节约的习惯

古人云："勿以恶小而为之，勿以善小而不为。"孩子勤俭节约习惯的培养需从日常点滴开始，作为家长，要关注孩子的日常行为表现。二年级的孩子普遍有挑食的习惯，一些孩子甚至习惯于随意扔掉不喜欢的食品。对这类孩子，家长要注意多加引导，并在平时的生活中渗透节约意识：吃饭的时候按需盛，吃多少、盛多少，把碗中的米饭吃光；不喜欢吃的菜也要慢慢尝试，慢慢习惯，在保证营养均衡的同时做到不浪费。对大手大脚、没有正确消费观的孩子，要多进行正确引导。如果孩子提出的购买要求合理，可以适当满足，同时注意引导孩子养成分享的美德，把玩具和其他的小朋友一起分享，还可以互相交换，这样既能建立友好的伙伴关系，又能起到节约的作用。如果孩子提出的购买要求不合理，家长要果断拒绝，在引导孩子的同时尽量避免孩子有更多接触这些物品及再提要求的机会。日复一日，勤俭节约意识会慢慢"种"在孩子的心里，他的心理和行为也会悄然发生变化。

细节决定成败。如果每个家长都能关注到孩子的每一个细节行为，耐心引导和帮助孩子，孩子就能更快养成勤俭节约的好习惯。

◆ 策略四：多给孩子创造践行节约的机会

勤俭节约不是口号，要帮助孩子树立意识、培养习惯，家长还需给孩子多创造机会，让孩子践行节约。家长可以通过让孩子参与购买家庭生活必需品、记录家庭开支情况等实践活动，教会孩子有计划地消费，合理地用钱；引导孩子正确、科学地使用压岁钱、零花钱，让孩子明白“钱要用在刀刃上”；利用周末、节假日、寒暑假等时间带孩子参与社区、街道、村委会组织的“慰问街道贫困家庭”“与农村困难家庭小朋友结对帮扶”等活动，帮助他们打扫卫生、做饭洗衣，让孩子通过了解困难家庭的生活，感受自己生活的幸福，学会感恩父母。同时，还可以创造机会让孩子体会挣钱养家的不易，如平时让孩子在校园或小区收集废弃纸箱、饮料瓶来换取零钱等。当孩子体会到赚钱的辛苦和生活的不易时，他今后就不会再随意浪费。

给孩子践行节约的机会，利于孩子在实践中强化勤俭节约的意识，养成勤俭节约的习惯，并懂得珍惜今天的幸福生活。

◆ 策略五：和孩子建立节俭约定

重视承诺和约定，是家庭教育的一部分。家长的承诺和约定，在孩子的心里是非常重要的。对浪费行为屡禁不止的孩子，家长可以改变策略，尝试和孩子建立节俭约定——如果他能够在用餐后不剩饭菜，洗手后自觉拧紧水龙头，不乱花钱，自觉把家长给的零花钱存起来，就可以得到一个小奖励。而这个奖励无所谓贵重，可以是一颗棒棒糖，可以是允许他买一本读物，也可以是陪他去看一场电影，或者是孩子提出的其他合理的心愿。当然，只要孩子按要求改掉毛病，家长就必须实现承诺。勤俭节约教育重在日常渗透和引导。家长与孩子的约定既利于引导孩子纠正不良习惯，又能帮助孩子牢固树立“节约光荣，浪费可耻”的意识。

◆ 策略六：与学校携手开展主题教育活动

依托家校合力，可以使勤俭节约的观念更深入孩子心中，也更利于孩子良好习惯的培养。如果孩子铺张浪费的行为一直没法改变，家长可以主动与老师反馈、沟通，还可借助“家长进课堂”“校园亲子活动”等机会与学校老师密切配合，设计和组织开展“勤俭节约从我做起”等主题教育活动，通过诵读《悯农》等古诗词、讲述名人勤俭节约的故事、交流勤俭节约小妙招、实践“光盘行动”、制作勤俭节约主题手抄报等形式对孩子进行教育，让孩子真正意识到“幸福生活来之不易，勤俭节约不是小事”，并学会在生活中大力弘扬勤俭美德。

勤俭永不穷，坐食山也空。在当前形势下，习近平总书记倡导人人勤俭节约，建设节约型社会。作为家长，我们要让孩子从小培养勤俭节约的好习惯，让孩子从小厉行勤俭节约，以俭为美，以勤为乐。

乐于分享
——培养与人分享的习惯

案例分析

小睿是个聪明可爱的小男孩，却养成了不肯与人分享的坏习惯。国庆节，姑姑要带着表弟到小睿家住几天。小睿如临大敌，他将自己喜欢的物品都藏好，绝不让表弟碰他的东西；冰箱里的好吃的，他也要悄悄藏起来，有些水果、酸奶甚至藏得连他自己都忘记了，放到发霉、过期。

小睿基本每天都要和表弟抢东西，包括玩具、零食。每当碰到这种情况，小睿妈妈就很尴尬地批评小睿；小睿爸爸呢，经常把争抢中的小睿和表弟分开，并将愤怒的小睿拉到小屋里，苦口婆心地跟他说分享的大道理。

学会分享是孩子社会化发展的一个重要内容，分享中包含着宝贵的平等与博爱思想，学会分享对孩子的成长是至关重要的。孩子从小就有分享的意识，经常有分享的行为，体会到分享带来的快乐和满足，看到与人分享带来的愉悦，孩子慢慢地就能理解分享的真正含义，学会发自内心地分享，成为一个乐于分享、习惯分享的人。

很多家长经常教育自己的孩子要学会分享，但结果是家长越教育孩子分享，孩子就越是不愿意和别人分享。这是为什么呢？

1. 家庭事事以孩子为中心

有些家庭溺爱孩子，把所有好吃好玩的都让给孩子一人享用。这样时间一长就强化了孩子的独享意识，把好吃、好玩的东西都据为己有。家长不要娇惯和溺爱孩子，也不要以孩子为中心，不给孩子搞特殊化，要在家庭中形成一定的公平。应从孩子小的时候起就注意引导孩子把好吃、好玩的东西与大家分享。家长要经常教育孩子，既看到自己，也要想到别人，好东西应该大家分享，不能只顾自己不顾他人。

2. 家长有着不正确的教育观念和行为

孩子不是生来就大方或自私的，成人的榜样、家长的教育态度和教育方式影响着孩子的行为。有的家长不仅把最好的东西给孩子，还害怕孩子在外面被人占便宜，于是经常教育孩子不要和小朋友分享好东西。例如一些家长给孩子买了较贵的玩具，就叮嘱孩子不要给别人玩；别的小朋友没有先与自己的孩子分享，就不让自己的孩子主动分享。对孩子出现的独占行为，部分家长还很得意，认为自己的孩子“机灵”。在这种氛围中长大的孩子，自然不会是一个大方豁达的人，甚至会变得自私自利。

3. 家长不尊重孩子，强迫孩子分享

主动分享，反映出一个孩子能够理解、体谅别人的心情，也愿意给别人带去快乐。这些都必须建立在家长尊重孩子独立人格的基础上。有时候在众人面前，家长为了面子而忽略孩子的心理需求，替孩子做主，强迫孩子分享；属于孩子的物品，如玩具、零食等，没有问过孩子就将其借给或送给别人。虽然在人前显得做家长的非常慷慨大方，但是这往往会给孩子带来伤害。还有，大多数家长都会告诫哥哥姐姐将手里的物品让给弟弟妹妹，其实这是不公平的，孩子没法从这样的分享方式里获得分享的快乐，更学不到分享的技巧。

强迫孩子做“出于礼貌”的分享，是一种为了取悦他人的分享，这种做法本质上不尊重孩子，无法让孩子学会分享的真正意义，还可能导致孩子抵触分享。如果经常在不情愿的前提下被迫与别人分享，孩子容易养成为了别人牺牲自己的习惯，只考虑他人而忽略自己的感受和需要，甚至会压抑自我，慢慢形成无法说“不”的讨好型人格。

了解孩子

为了培养孩子与人分享的习惯，家长要学会反思自己的教育方式，同时，更要关注孩子的想法，家长应该了解孩子的以下几个特点。

一、孩子缺乏理性思维

二年级孩子缺乏理性思维，容易把分享等同于失去，只看到了分享中的失去，没有感受到分享带来的快乐，或者认为分享是一件吃亏的事情：我让别人玩我的玩具，别人会不会愿意让我玩他的玩具？要是他把玩具弄坏了怎么办？有了这种想法，孩子就很难豁达地分享自己的东西。家长要注意教育孩子从多角度看待问题，采取合理的方法加以引导，教孩子学会换位思考，学会理解和分享。

二、孩子的分享受心理发展的限制

经过教育，二年级的孩子能够理解什么是分享，他们可以不再认为随着所属物的离开，自己就会失去主导权，但内心仍然没有踏实的安全感，所以他们还不能完全平等自愿地共享资源。家长要理解孩子的发展特点，给予孩子分享与不分享的自由，并利用一些生活经验来促进孩子自然而然地爱上分享。

三、孩子初步建立了物权意识和物权界限

二年级的孩子已经初步建立了基本的物权意识和物权界限，能分得清我的、他的、你的，懂得珍惜自己的物品，维护自己的利益，同时尊重别人的物品。孩子虽然年龄小，但也拥有许多属于他们自己的东西，如房间、玩具、图书、学习用品、衣帽鞋袜、小桌椅等。这些物品无疑是家长给孩子提供的，但是既已提供给孩子，就应明确肯定孩子的这些物权，并放手让孩子安排和使用这些物品。只要是孩子有所有权的东西，无论图书、玩具还是食物，都要充分尊重孩子的意见，动用的时候要和孩子商量。

我们来听一听孩子的内心想法吧！

1. 我希望爸爸妈妈分享我的东西时可以先问问我的意见

爸爸妈妈，我的东西可以分享给小伙伴，但并不是所有东西都可以分享的。就像你们自己的东西，有的也不能跟别人分享一样。如果别的小朋友来我们家做客，要拿我的东西出来玩，希望你们可以先问一下："妈妈可以把这些玩具拿给小伙伴玩吗？""你的牛奶很好喝，小弟弟也想尝一尝，我可以给他吗？"这样我会更乐意分享。

2. 我希望爸爸妈妈能多鼓励我

当我拿出我的东西与小伙伴们分享时，其实我的内心有点舍不得，但我不想当"小气鬼"，因为妈妈说爱分享的孩子才能交到更多朋友。爸爸妈妈，如果你们能不断地鼓励我分享物品、活动感受和学习经验，相信我会越来越棒的。

实施指南

培养孩子的分享意识，让孩子学会既主动与人分享，又乐于分享，这就需要我们做家长的给孩子以正面的引导，对孩子进行分享意识的培养。那么，我们具体应该怎么做呢？

◆ 策略一：为孩子营造分享的成长环境

当孩子周围的环境中充满了分享的意识、行为、情绪和氛围时，孩子就会有一种分享倾向，这种分享倾向会自然而然地让孩子从心底产生分享意识。家长可以先从家庭的氛围做起，比如家长要为培养孩子的分享意识起表率作用，如经常主动地关心和帮助别人，做了好吃的点心分给邻居尝尝等。家庭成员之间要互相关心和帮助，有了好东西，全家人一起分享，使孩子在良好的家庭氛围中养成分享的意识和习惯。

◆ 策略二：引导孩子体会分享的快乐

想要打消孩子分享就会吃亏的念头，就要让他尝到分享带给自己的快乐。这时候，父母应该理解孩子这种不愿意失去的心情，慢慢引导。家长要让孩子明白，分享不是失去，而是互利。分享体现了自己对别人的关心和帮助，同样，别人也会关心和帮助自己。大家相互关心、爱护、体贴，就会觉得温暖和快乐。孩子一旦在分享中获得了快乐与温暖，就会乐于与别人分享自己的东西。

每次妈妈给小米买了小米喜欢的图书，都会鼓励小米把它们带到学校里去，让她和同学们交换图书。开始，小米很不情愿，觉得新买来的图书自己还没有看够，又担心别的小朋友会把新书弄坏，舍不得拿给别人。妈妈告诉小米：“小米，如果你把书借给别的同学，这样你也可以向别的同学借你喜欢的书来看。这样，我们就可以花很少的钱，看到很多的书了。”小米明白了，于是，她总能拿仅有的东西与别人分享，并获得别人的信任。同时妈妈还教育她，要注意保护别人的东西，不能损坏，要像爱惜自己的物品一样爱惜借来的物品。

◆ 策略三：尊重孩子的所有权

尊重孩子的物品所有权是让孩子分享的前提。让孩子分享之前，家长一定要征求孩子的同意。如果孩子实在不愿意分享自己特别在乎的东西，就要尊重孩子的意愿。每个人都有不愿意与人分享的心爱之物，孩子也一样。这些东西也许是孩子特别喜欢的，也许对孩子来说有特殊的意义。家长要尊重、理解和接纳孩子的心理，不要勉强孩子什么东西都与人分享，更不要因孩子拒绝分享而惩罚他。孩子只有从自己的分享行为里感受到自己带给别人的快乐，以及因别人快乐而带给自己的快乐，那么这个分享行为才是真正意义上的分享行为，孩子才能真正建立起健康的分享意识和习惯。

◆ 策略四：鼓励和强化孩子的分享行为

分享的内容很广泛，家长可以引导孩子分享生活和学习中的快乐，分享成功与失败的体验，分享自己的情绪感受，分享自己内心的想法，分享责任与义务……当孩子表现出与他人分享的行为时，家长就应该及时鼓励表扬，要让他明白分享是一件好事。比如，当孩子与小伙伴分享自己的学习感受和经验时，家长可以说："你这样做真好，我相信你的朋友会和你一起进步的。"这样的表扬会让孩子发现分享是一件快乐的事情。懂得分享的孩子，可以交到更多的朋友，会更受欢迎，他的生活也会更加快乐。

延伸拓展

一、阅读推荐

> >> 1.《规矩和爱》(作者：王涛；出版单位：北京理工大学出版社)

理由及建议：成功的教育，是爱和规矩的结合。这本书详细介绍了如何体现爱的管教和管教的爱，如何正确与孩子交流、呵护孩子情感智力的发展。阅读本书，能帮助您学会给孩子立规矩，让孩子在日常生活和学习中养成收拾书包、归置物品、整理房间等好习惯，培养孩子自理自立的能力。

> >> 2.《勤劳节俭2》(主编：于永玉、吴亚铃；出版单位：中国环境科学出版社)

理由及建议：这本书收集了司马光、范仲淹、闻一多、宋庆龄等中国古今名人生平勤俭节约的故事。与孩子共同阅读本书，可让家长和孩子更进一步感受勤俭节约这一美德在中华民族的传承，也让家长有更多的素材与孩子分享和交流，增强孩子勤俭节约的意识，培养孩子的良好习惯。

> >> 3.《让孩子学会分享的故事》(编绘：米家文化；出版单位：浙江教育出版社)

理由及建议：这本书一共有29个以分享为主题的世界经典故事。在故事里，孩子跟着普罗米修斯学会了勇敢，跟着面包房里的猫学会了分享，跟着借东西的地下小人学会了合作……这些经典，如涓涓暖流浸润着孩子的心灵。此书配以注音和全彩插图，适合孩子自主阅读。孩子阅读后，建议家长与孩子交流，让孩子在故事中得到启发，培养孩子乐于分享的品质。

二、视频推荐

> >> 纪录片《周恩来》(总编导：时间)

纪录片真实、深情地诉说着一位历史伟人最具风采的生命历程和一位开国总理平凡而伟大的真实故事。通过亲子共赏，让孩子了解伟人的一生，感受伟人简朴的生活作风、一心为民的宽广胸襟，让孩子牢固树立勤俭节约的意识，进一步认识生活不能只有“自我”。

评估改进

一、自我评估

亲爱的家长，您好！您在日常生活中的实际情况与下面列出的表现是否相符？若相符，则选“是”；若不相符，则选“否”。

	是	否
① 在家里，您的房间每天都保持整洁。	□	□
② 您曾经教过孩子衣物摆放的规则和整理的方法。	□	□
③ 您对孩子的事情从不一手包办。	□	□
④ 孩子的书包、玩具、衣物等，您让孩子自己学着整理归置。	□	□
⑤ 您让孩子参与力所能及的家务，给孩子安排了家务劳动岗位。	□	□
⑥ 孩子完成的家务没达到您的标准时，您从不责怪。	□	□
⑦ 您从不因为孩子参与家务劳动而给孩子“付费”。	□	□
⑧ 您注重教育孩子要珍惜劳动成果。	□	□

	是	否
⑨ 您家每餐都极少剩饭剩菜。	□	□
⑩ 您对孩子购买物品的要求不会毫无条件地满足。	□	□
⑪ 您经常和一起孩子忆苦思甜。	□	□
⑫ 您从不当着孩子的面谈论或炫耀各种衣鞋品牌。	□	□
⑬ 您常常借助各种影视剧对孩子进行勤俭节约教育引导。	□	□
⑭ 您会利用各种购物机会引导孩子形成正确的消费观。	□	□
⑮ 您放手让孩子自己管理零花钱。	□	□
⑯ 您能创造机会让孩子参与家庭开支的记账。	□	□
⑰ 您习惯在饭后与家人分享一天的工作见闻或生活感受。	□	□
⑱ 您经常与邻居分享自己制作的美食。	□	□
⑲ 您常常鼓励孩子与小伙伴分享自己的书籍和玩具。	□	□
⑳ 您会利用周末或假期带孩子到福利院看望老人。	□	□

【评估参考】

①若您选择15个及以上的“是”，说明您比较注重鼓励和培养孩子的自理自立能力，注重孩子勤俭节约的教育及与人分享的教育，并能在实际生活中落实。

②若您选择10～14个“是”，说明您在培养孩子的自理能力、节约意识、与人分享的习惯等方面的重视度一般，对孩子有稍许不信任、不放手。这样容易导致孩子自信心不足，孩子的动手能力也得不到相应的锻炼。建议您稍加调整自己的心态，加强对孩子的教育和引导。

③如您选择10个以下的“是”，说明您在孩子习惯养成、品质培养等方面的引导和教育不足。长此以往，孩子的自立意识、自理能力、道德修养将得不到很好的引导和培养，孩子容易形成依赖心理，甚至丧失最基本的自理能力。建议您积极转变观念，改变做法。

二、改进计划

亲爱的家长，您好。阅读本专题后，您应该对如何培养孩子的自理能力、节约意识、与人分享的习惯等方面有了更全面的认识。请根据您的实际情况，写出您认为自己需要改进的内容，并按计划逐项完成。

第三专题 学会观察，善于积累

升入二年级的孩子，已经基本适应小学生活，大部分的孩子融入了新的集体，并在集体中找到了属于自己的角色定位，孩子的交往能力、观察能力、学习能力都在突飞猛进地发展。在这个阶段，家长需要帮助孩子提升观察力，培养孩子对周围人的关心、照顾、理解、尊重的能力。此外，家长还要引导孩子从小养成主动阅读和积累的习惯，发掘和培养孩子的兴趣。通过阅读和积累，开阔视野、丰富知识、培养能力；通过发展兴趣，体验、享受兴趣带来的乐趣。

家长好好学习，孩子天天向上。教育不限于学校，也不限于读书。成长从来就不是孩子一个人的事，家长掌握了科学的方法，就能为孩子的成长提供源源不断的动力。每个孩子的内心都有一个神奇的世界，家长要做的就是帮助孩子找到打开自己智慧宝库的钥匙。正所谓“授人以鱼不如授人以渔”，作为家长，我们要秉承着终身学习的理念，既要成为孩子学习路上的引领者，又要成为孩子学习路上的同行者。

学会观察
——关注身边的人与事

案例分析

二年级的小莉是个可爱活泼的女孩。放学回家，看到妈妈在厨房准备晚饭，小莉便问妈妈：“妈妈，我也想帮忙，我可以帮你做点什么？”妈妈却说：“你还太小，我自己来就可以，你去写作业吧！”

周末，一家人准备去看望奶奶。小莉问爸爸：“我想给奶奶准备一份礼物，准备些什么好呢？”爸爸说：“你什么都不用准备，学习成绩好就是给奶奶最好的礼物了。”

每当小莉想要为家人做些力所能及的事情时，家人总是以“你只管学习，别的什么都不要管”为由，不让她插手，渐渐地，小莉对这些事也就失去了兴趣。

在班级组织活动时，大家忙得热火朝天，小莉却漠不关心，认为自己只管学习就好，别的事情都与自己无关。同学们关心她、帮助她，她也认为理所当然。久而久之，大家都觉得她是个自私的人，不愿再与小莉一起玩耍。小莉希望改善同学关系，让同学们重新接纳她，可她不知道应该怎么做。她已经不知道该如何帮助别人，更不知道该如何关心他人了。

案例中，小莉的父母希望小莉专注于学习，认为这样才能拥有更宽广的未来。但实际上这种观点是狭隘又片面的，它会限制孩子的全面发展。“除了学习什么都不管”的孩子，在家人的加倍“呵护”下容易养成自私、漠视他人、凡事以自我为中心的性格，很容易在步入社会之后因人际关系的问题屡屡碰壁。

孩子自私、不为他人着想、不会关心身边的人与事，原因大致有以下四类。

1. 家长对孩子的溺爱和过分迁就

家长往往会因为“一切为了孩子”而太过迁就、呵护，甚至溺爱孩子。孩子从小就获得家庭成员的过分关注，父母、祖辈全身心地付出，一切活动围绕孩子进行，不提醒孩子考虑他人感受，不要求孩子体谅他人，这样必然会使孩子形成过重的自我中心意识。即便踏入校园，孩子在班集体中也会保持这样的思维方式和行为习惯，只关心对自己有利的事，对其他的事情漠不关心，不考虑他人的处境，只为自己的利益着想。更有甚者，只要求集体照顾自己，却不能遵守集体的规则；要求同伴、他人服从自己，若别人不肯配合，就乱发脾气，觉得自己很委屈。孩子过分关注自己的感受，没有耐心倾听和关心别人。

2. 孩子被忽视，缺乏安全感

如果孩子经常被身边的人忽视，就很可能会因为安全感的缺失，封闭内心，从而养成以自我为中心的性格。例如：在非独生子女家庭，父母偏爱其中的一个孩子，导致其他孩子不受重视；父母忙于工作，由祖辈抚养孩子，亲子之间缺乏必要的沟通与交流；孩子受到同伴欺负，却无人诉说；因单亲、留守等原因，孩子缺乏正常且必要的人际交往；孩子缺乏社会能力的锻炼等。这些情况都容易让孩子缺乏安全感，使孩子把自己的内心世界封闭起来，孩子的性格也会变得内向，从而导致孩子与父母、他人产生距离感，更无法站在他人的立场上学会理解。

3. 孩子的自控能力较差

孩子的不良情绪也容易引起人际交往障碍。二年级的孩子情绪体验强烈而迅速，容易发脾气、冲动，同时他们的自控能力比较差，头脑还不够冷静，在与同学的交往中不能客观地分析问题，也不能主动地调整认识偏差和消极情绪。他们不知道如何控制自己的情绪，所以容易与他人产生冲突和矛盾，导致周围的同学不能接受他们，从而出现人际交往障碍。即使父母和老师帮助他们，指出不良行为，令其改正，但因为孩子的自控能力差，所以往往无法杜绝不良行为的再次发生。

4. 孩子缺乏交往技能的指导

孩子成长的每一个阶段都需要家长的帮助和引导。环境的改变、朋友之间的相处，孩子都需要一个慢慢适应的过程。升入二年级之后，孩子的交往更是从以家庭为主逐步转变为以同学、同伴为主。在这个转变的过程中，如果家长没有及时地进行必要的交往技能指导，孩子往往不懂得在新的集体中如何正确地认识自己、悦纳他人，因此与人交往时容易产生冲突，影响正常的人际交往关系。

总之，孩子能力的养成和发展离不开家长的悉心教导，家庭教育、学校教育和社会教育形成合力，关注孩子、探讨问题的症结并对症下药，才能更好地帮助孩子健康发展。

了解孩子

二年级的孩子已经基本适应小学学习生活，相较于一年级，二年级孩子的身心在各方面都有了进步，对于自身在集体中所处的地位也有了初步的认知，并积极融入集体，完成自我社会化的进程。

一、孩子对事物的整体感知比较笼统

二年级的孩子对事物的整体感知比较笼统，不够精确，观察事物大多从兴趣出发。家长要保护好孩子的好奇心和探索欲，鼓励孩子多接触他们自己感兴趣的内容。孩子对于世界的好奇心，正是促使他们发展能力的契机。

二、孩子的情感控制能力还不足

在二年级这个阶段，虽然孩子已经能够初步控制自己的情感，但仍

然不能完全控制。他们具有爱憎的情感，并且不善于隐藏，会把自己的情绪表现在行为上，喜怒皆形于色。家长可以以此来判断孩子是否需要父母的帮助与疏导。

三、孩子的集体意识还比较模糊

二年级的孩子集体意识还比较模糊，还不能清楚地意识到自己和集体的关系。家庭和班级都是集体，家庭和班级的荣誉需要每一个孩子来维护，家长要有意识地培养孩子为家庭和班级贡献自己的一份力量的习惯。

四、孩子的竞争意识逐渐凸显

二年级的孩子已经能够判断自己的能力大小，所以在发现别人的表现比自己好或者差时，会引起相应的心理变化，这就是竞争意识的凸显。当别人不如自己时，内心暗暗感到自豪、得意。无论是室内活动还是室外游戏，大部分孩子会争先恐后地表现自己。教师让做一件事时，马上会出现竞赛似的场面，最先做完的学生会高高举起手，等待教师表扬自己。孩子总是期望自己是最优秀的、最卓尔不凡的。孩子的竞争意识和上进心都在二年级这个阶段有所发展，孩子能学着树立近期的奋斗目标，争取成为好学生，并希望自己成为一名优秀的少先队员。

让我们一起听听孩子的内心想法吧！

> >> 1. 我想和奶奶一起包饺子

爸爸妈妈上班忙，奶奶负责接送我上下学。放学后，我想和奶奶一起包水饺，可奶奶却说面粉容易撒到衣服上，不让我动手，只让我去读书，做好了再叫我。我觉得包饺子很有趣，我真的好想试一试！

2. 我希望妈妈能多陪陪我

我的弟弟三岁了，他还没有上学，所以妈妈整天陪着他玩耍，都没有时间陪我。我好想让妈妈多陪陪我，就像以前那样陪我读书，陪我玩游戏。

3. 我不知道怎么才能跟朋友和好

小丽和小静是好朋友，她们一下课就在一起说说笑笑，一起跳绳，一起玩游戏，非常开心。我原本也有一个特别要好的朋友，可是她上次弄坏了我精心制作的手工作业，我生气极了，怪她弄坏我的东西。现在我们谁也不理谁，我不知道该怎么做才能和她和好。

了解孩子身心发展的特点，知道孩子想什么、需要什么帮助，家长才能够以科学的方法指导孩子认识自己、悦纳他人，帮助孩子更好地立足于群体和社会之中，让孩子成为一个人格健全，有同情心、责任心的新世纪好少年。

实施指南

很多家长认为孩子还小，不需要为父母或他人做什么，长大以后他们就懂了。但实际上，性格、习惯、品质的养成，是需要培养和锻炼的。

◆ 策略一：引导孩子学会关心父母

父母是孩子最亲近的人，如果孩子不关心自己的父母，就更不会去关心其他人。家长可以在平时让孩子做一些力所能及的家务，让孩子从中体会大人的辛苦，让他们知道大人为他们做的事并不都是理所应当的。同时，家长之间要在需要的时候引导孩子关心其他家庭成员，比如让孩子自己定时打电话问候爷爷奶奶，或者教孩子为晚下班的父母端茶倒水等。长期生活在相互关心中的孩子，自然也会成长为一个关心别人的人。

◆ 策略二：鼓励孩子积极参与学校事务

家长要鼓励孩子积极参加学校事务。在学校事务中，孩子可以增长见识、开阔视野、结识伙伴、培养广泛的兴趣，并和小伙伴们互相帮助。家长要有意识地教育孩子关心集体、诚恳待人、助人为乐。家长要让孩子懂得，遇事多为别人着想，当自己有困难时，也会得到别人的关心和帮助。

◆ 策略三：引导孩子学会关注别人的情绪

当同伴处于困境中时，有些孩子能很快地察觉到，并伸以援手，而有些孩子却毫无反应，漠不关心。对待后者，家长要经常用语言向孩子表达自己的需要，并表示需要得到孩子的帮助。家长要教孩子懂得如何从别人的表情、行为看出对方的需要，让孩子学会察觉别人的情绪。比如妈妈的一声叹气可能是劳累的反应，同学嘟着的小嘴可能是不高兴的表现等。教会孩子注意到别人的情绪，他们才能及时伸出自己温暖的手，给身边的人送去关怀。

◆ 策略四：及时纠正和引导孩子待人处事的态度和方式

有些孩子可能会关心、帮助父母，却未必能很好地关心、帮助别人。家长要善于观察孩子待人处事的态度和方式，一发现问题，就及时纠正。如果他们有一些善举、优点，要及时肯定、赞美；如果他们缺少爱人之心，就要为孩子创造良好的氛围，多加引导，让孩子在轻松、愉快之中懂得为人之道。

◆ 策略五：引导孩子站在他人的角度考虑问题

一个懂得关心他人的孩子，通常能够站在他人的角度思考问题，并能在他人需要的时候立刻伸出援手。家长要引导孩子多站在他人的角度想一想，这样他才能体会到别人的感受和需要。比如当别的小朋友摔倒时，孩子在旁边大笑，家长可以问孩子："如果是你摔跤了，别的小朋友笑你，你会有什么感觉呢？"孩子可能会说："我会觉得很尴尬、很生气。"这时家长可以继续引导他："那么如果你是他，你会希望别的小朋友怎么做呢？"孩子可能会这样说："我希望他来扶我，而不是笑我。"接着家长可以问："那么，你现在应该怎么办呢？"这时，孩子往往会冷静下来，思考自己的做法是否妥当、自己应该怎么做。当孩子学会换位思考，会同情、理解、关心他人，而不是处处只考虑自己的利益。

阅读积累

——喜欢阅读，学会积累

案例分析

从二年级开始，妈妈为了培养子润读书的兴趣，特意为子润选择了他非常感兴趣的《动物百科》。由于子润的识字量较少，妈妈先带着子润认真地读了几遍，再把机会让给他："子润，你试着朗读一下吧。假如有一天，你成为一名动物解说员，就可以给别人讲讲这些动物的特点了！”

故事听得多，读得多，子润的识字量就增加了。在以后的日子里，母子二人又一起共读了不少经典童书。妈妈会选择子润喜欢的故事书，孩子对书感兴趣，自然就读得兴致盎然。

为了激发子润的阅读兴趣，妈妈还经常带子润参加各类阅读主题的闯关活动，只有读得认真、读得深入才能顺利闯关。如果哪一关闯不过去，他就会把问题记下来，带着问题再读，直到闯关成功为止。妈妈还鼓励他积极参与丰富多彩的读书活动。通过参加活动，子润发现有许许多多的小朋友都喜欢读书，子润也不甘落后，读书的劲头更足了。

阅读，对个体的精神成长至关重要。案例中，子润妈妈注重孩子阅读习惯的养成，从激发孩子阅读兴趣的亲子共读入手，帮助子润养成良好的阅读习惯。对于孩子的阅读，不少家长总觉得手足无措，希望孩子多读书，却对孩子自主阅读的习惯养成感到无计可施。这是为什么呢？

1. 家庭缺乏读书氛围

父母是孩子的榜样，当孩子不爱阅读的时候，家长需要反思一下我们自己是否为孩子创设了一个良好的阅读环境，是否为孩子树立了一个热爱阅读的形象。如果家长爱看书，家中弥漫着书香气息，那么，孩子会受到家长潜移默化的影响，从而爱上阅读；如果家长不爱看书，而是爱看电视、上网，那么，孩子也很可能不会喜欢阅读，即使强迫他阅读，他也不会从中受益。

2. 电子产品的冲击

如今信息化社会给我们带来便捷的同时，电子产品也在一定程度上挤占了孩子原本用于阅读的时间。以电视、手机为主的现代信息媒介依靠其传播信息的形象性、生动性、快捷性和丰富性，深受孩子的喜爱，成为孩子获取信息、开展娱乐的主要途径，这就使得孩子用于阅读的时间大大减少，对孩子的文本阅读产生了一定的消极影响。当然，我们不能一味禁止孩子使用电子产品，而是应该在家长的管控与引导之下，让电子产品成为孩子学习与阅读的工具。

>>> 3. 图书选择不当

很多家长看到孩子到了二年级，具有独立阅读的能力了，便会给他选择一些有难度、篇幅较长的阅读材料，甚至是一些古典名著。孩子对这些图书不感兴趣，很容易导致他们无法体会到阅读的乐趣，甚至会对阅读产生恐惧心理。

>>> 4. 孩子没有尝到阅读的甜头

阅读需要伴随着思考让个人的能力慢慢提升，但效果并不是立竿见影的，它不能像赢一局游戏让孩子立刻享受到胜利的滋味。阅读一本书，是需要耐心的，而缺乏耐心是孩子的特点之一。

>>> 5. 孩子遭遇阅读困难

由于二年级的孩子知识有限，识字量还较少，因此在阅读的时候常常会遇到很多生字，导致孩子不能理解字、词、句的意思。如果孩子在阅读中遇到了困难却没能及时得以解决，就有可能产生畏难的情绪，已经产生的阅读兴趣也可能随之消退。

了解孩子

孩子不喜欢阅读，有的是因为受外在环境的影响，有的是因为在书中没有发现他们觉得有趣的内容，还有的是因为家长把识字当作阅读的重点，消磨掉了孩子的阅读兴趣。想要找到孩子阅读兴趣不高、阅读习惯差的原因，家长需要了解二年级孩子身心发展的规律，从而找到问题的根源所在。

一、孩子的阅读水平

二年级的孩子的阅读水平较一年级有所提高。一些阅读水平较高的孩子，已经可以根据自己的兴趣读书，而不再依赖家长的提点了。有的孩子已经能用自己大脑中原有的文字知识来解决书籍中超过其知识范围的难题，比如根据前后文的意思、注音、字形等猜测文意，或是能够结合图画来猜测下文，然后再证实自己所想的对不对。

二、孩子喜欢的图书

二年级的孩子喜欢阅读经典儿童读物、幽默笑话、诗歌、谜语、漫画等图书。除此之外，他们还喜欢阅读描写孩子、动物、童话、奇遇，以及常识之类的书。因为二年级这个阶段的孩子开始喜欢探索新的世界，所以他们有可能会喜欢尝试自己不是很熟悉的领域，例如侦探类的故事、博闻广识的游记、遥远时空的地理历史等。

三、孩子注意力的发展特点

首先，孩子注意力的范围不够广。

孩子原本就不善于注意事物的内部联系，所以若要让孩子注意某些东西，他们就只能一个事物一个事物地去看，还不能像成年人那样同时注意许多事物。比如要读课文，他们只能一个字一个字地阅读；要记忆生字，也需要记住一个再记一个，不能两个同时记忆等。如果很多东西摆在孩子面前，他们一段只能专注于一样，所以家长不要给孩子一次布置过多的任务，否则会让孩子无所适从。家长要尊重孩子身心发展的规律，不拔高要求，应逐步培养孩子对于事物的专注程度。

其次，孩子注意力的集中性与稳定性不强。

一般来说，7～10岁儿童可以连续集中注意力约20分钟，很难做到长时间对某一事物保持足够的注意力。他们对感兴趣的事物，注意力就相对更集中、稳定一些；对于那些具体的、可操作的工作，其注意力也较容易集中与稳定；然而，对于一些抽象的公式、定义或者单调刻板的对象，以及那些他们不感兴趣做的事情，注意力就很容易被其他有趣的事物干扰。再加上孩子自制力差，一旦注意力分散，就很难重新集中了。

最后，孩子无法很好地分配与转移注意力。

二年级的孩子无法对自己的注意力进行合理分配，也不会在适当的时候转移自己的注意力。比如孩子可能无法很好地协调自己的眼、耳、手、脑，不能调动多种感官来一起“听”课，可能会出现只听老师讲而不记笔记，或者只顾抄老师的板书却忘记了思考的情况。而让孩子将注意力从一件事物上转移到另一件事物上也很难，他们要么是转移不过去，要么就是转移速度慢。比如孩子本来在玩玩具积木，这时家长叫孩子去读书，他虽然起身去做读书这件事了，但是他可能还无法将注意力从搭积木转移到阅读之上。

让我们听一听孩子的心声。

1. 妈妈买的书太难读懂了

我喜欢看漫画，妈妈觉得这些书没有用，不给我买，也不让我看。可是她买的那些书太难读懂了，好多字我都不认识，我自己看不懂，她又不给我读，我一点儿都不喜欢。

2. 我也想像爸爸一样能玩手机

爸爸在家的时候总是玩手机，却让我吃完饭就快去写作业，写完作业就快去看书。我也想玩手机，里面有好多有趣的游戏，可有意思了。爸爸玩游戏很厉害，可是却不让我玩。

3. 我想和妈妈一起读书

妈妈要求我每天读书，我看到有趣的地方就想让妈妈陪我一起读，可她总是说没有时间。我读完之后，妈妈还问我有什么收获，我说没有，妈妈就会生气，认为我没有用心读。如果妈妈能和我一起读就好了，我不懂的地方还可以问问妈妈。

在了解孩子的基础上，我们才能更有针对性地帮助孩子养成良好的阅读习惯，让孩子在阅读中发掘更多的乐趣。阅读，作为一项技能，是孩子认识世界的一条最为便捷的道路，所以家长一定要营造书香氛围，让孩子从小养成主动阅读和积累的习惯，使孩子通过阅读和积累，得以开阔视野、丰富知识、培养能力。

实施指南

赫尔岑说："书是和人类一起成长起来的，一切震撼智慧的学说，一切打动心灵的热情，都在书里结晶成形；在书本中记述了人类生活的宏大规模的自白，记述了叫作世界史的宏伟自传。"阅读习惯是一种文化素养，是国家未来的建设者——青少年——综合素质中的一个重要组成部分。读书不但可以让孩子获取知识，而且可以教他们懂得做人的道理。

关于孩子的阅读，我们家长需要做些什么呢？

◆ 策略一：为孩子挑选合适的书籍

面对琳琅满目的图书，孩子可能不知道哪些适合自己阅读，家长要帮助孩子确定选择的范围，再逐步转为让孩子自己选、自己读。有些家长怕孩子耽误学习，不愿意让孩子大量读课外书。其实，如果做到课外书与课内所学相结合，对孩子的学习将大有裨益。在选书时，家长应留意以下几个方面。

1. 出版社

目前的童书市场图书质量参差不齐，在难以判断优劣的情况下，应该尽量选择正规出版社出版的书。

2. 印装质量

图书的纸张最好是经得起翻阅的，装订要牢固。平装书较轻，方便携带，价格也较便宜，更适合孩子阅读。

3. 图书的内容

选书时要匹配孩子的年龄阶段和阅读能力。不同的年龄阶段，孩子的阅读能力和理解能力是不同的。建议家长选择各种类型的读物，这样可以开拓孩子的视野，培养他们广泛的兴趣与爱好。

4. 语言风格

童书的语言风格应在精益求精的基础上，注重适合孩子的心理发展特征。在选购童书时，要对作者、译者多一些留意，选择值得信赖的作品。

5. 经典作品

经典作品能流传多年而不衰，自有其道理，经典本身就是大浪淘沙后的黄金，是无数的人和漫长的时间帮助我们筛选出来的结果。

6. 孩子的兴趣

在考虑外在寻书条件的同时，家长更需要优先考虑孩子的兴趣。兴趣是最好的老师，原本培养孩子的阅读习惯就不是一件很简单的事，如果在选书时不考虑孩子的兴趣，而是家长强加给孩子，那么孩子只会越来越讨厌阅读。

策略二：营造良好的阅读氛围

1. 家长的榜样示范

家长如果想让自己的孩子爱上读书，那么，首先要给孩子做出良好的示范。孩子模仿能力强，耳濡目染之下，会逐渐养成阅读的好习惯。不要让孩子在压迫之下读书，而是在一种平等、自由的环境下读书。更不要把读书变成一种负担，这样家庭才能和谐进步。

2. 温馨的亲子交流

在陪孩子看完同一本书以后，家长可以陪孩子聊一聊书中的情节和人物特征，总结书中讲述的道理，梳理书的脉络结构。这样不但可以加深孩子对于书的理解，而且有利于家长和孩子共同成长、共同进步。

3. 独立的阅读空间

在家庭条件允许的情况下，尽量给孩子布置一个独立的阅读空间，远离嘈杂的地方，减少不良因素的干扰。布置舒适的桌椅和宜人的阅读光线，为孩子提供一个静心阅读的环境，能够有效帮助孩子提高阅读的质量。

4. 俯拾皆是的书籍

家长可以多买一些孩子感兴趣的书籍，放在家中的各个角落，让孩子随时可看，随手可取，帮助孩子增强阅读意识。

5. 一起去书店和图书馆

家长可以利用节假日的时间，多带孩子去图书馆和书店，这些书籍林立的地方可以为孩子打开阅读的大门。看到一排排的书籍，遇到一个个爱读书的小伙伴，都可以激发孩子的阅读积极性。书店里经常会举办阅读活动，可以让孩子在参与活动的过程中享受阅读的快乐。在孩子过生日的时候，家长还可以把书籍当作礼物送给孩子，让孩子亲近书本，以滋养其精神。

◆ 策略三：引导孩子养成良好的阅读习惯

1. 兴趣是阅读的动力

当发现孩子对读书不感兴趣时，家长要细心了解其兴趣、爱好、个性特点，由此入手，总能寻找到适合他的书籍。家长千万不可强迫或指责孩子，防止造成负面强化，导致孩子对读书产生厌恶心理。

2. 坚持每日阅读

家长应督促孩子每天坚持阅读半个小时至一个小时，持之以恒，逐渐养成良好的阅读习惯。孩子有了读书的习惯，就会自主阅读，不用再督促。家长还可以为孩子读睡前故事，这样不仅能帮助孩子养成阅读习惯，而且能促使亲子关系更加亲密和谐。

3. 鼓励孩子坚持阅读的行为

孩子都希望得到家长的赏识和悦纳。家长要及时肯定和赞扬孩子坚持阅读的行为，让孩子产生一种积极的情绪体验，使孩子因此更乐于阅读，以此巩固良好的阅读习惯。还可以每天吃饭时或饭后请孩子讲讲读到的故事，认真倾听孩子的分享，培养孩子形成完整的表述能力。孩子分享结束后，家长要共享和夸奖孩子的收获，赞扬孩子的朗读和讲述能力，孩子会受到激励。

4. 引导孩子从阅读中积累

从识字、认词到读懂句子，循序渐进地引导孩子记录自己的阅读收获。二年级的孩子可以从积累词语入手，每天阅读的同时摘抄3～5个词语。在时间充足的情况下，还可以以思维导图的形式绘制成图。让孩子在享受阅读的同时，将词语转化为语言的积累。

5. 教会孩子常见的阅读方法

常见的阅读方法有精读与略读。所谓精读，就是要让孩子逐字逐句地去阅读，而所谓略读，就是通过快速浏览章节中的主要人物、精彩片段等内容的方法快速把握书本的主旨和内容。不同的方法适用于不同的书籍和不同的情境，帮助孩子选择适宜的阅读策略，可以提升孩子阅读的质量。

阅读是一种习惯，这种习惯在人的一生中越早养成越好。若家庭和学校不能强化孩子们读书的乐趣，他们不太可能突然在某一天奇迹般地喜欢起读书来的。家长必须为孩子创造读书的好环境，帮助他们养成乐于阅读、善于积累的好习惯。阅读的习惯需要在实践中培养，阅读习惯的养成既要以兴趣为突破口，又要家长提供科学的助力与支持。

发掘兴趣
——体验和享受兴趣带来的乐趣

案例分析

周末，安安去姨妈家里玩。姨妈家养了一只小猫，名叫乐乐，安安一下子就喜欢上了这只憨态可掬的小猫。回到家以后，安安便对妈妈说：“妈妈，我们家可不可以也养一只小猫？”

安安的妈妈不想养宠物，但是她没有立即拒绝安安的请求，而是反问安安：“你喜欢小猫啊？可是猫的种类有很多，它们的特点也各不相同，你想养哪一种类型的小猫呢？”

安安不太了解猫的种类，一时愣住了。妈妈说：“不如我们先来查一查资料吧，看看乐乐属于哪个品种。”于是在妈妈的帮助下，安安上网查阅了宠物猫的种类、习性、特征等相关资料，安安这才知道小猫乐乐属于英国短毛猫，便告诉妈妈：“妈妈，我想养英国短毛猫！”

妈妈对安安说：“如果你非常想养一只宠物猫的话，不如设置一个养猫储值账户，把自己剩余的零用钱存起来。等你账户的金额足够支付一只你喜欢的小猫的时候，我们再一起去宠物店购买，你看可以吗？”

案例中，安安妈妈利用孩子的兴趣点，引导孩子发展查阅资料的能力；在孩子为了目标进行储蓄的过程中，培养孩子的金钱观念，促进孩子在生活中学习。安安妈妈懂得抓住教育的契机，实现了培养和提升孩子学习能力的目的。

1. 家长是发掘孩子兴趣的最好老师

每个孩子都有自己特殊的兴趣，家长则是能发掘孩子兴趣的最好老师。仅仅发现孩子的兴趣是不够的。孩子原始的兴趣就像是埋在土里的一粒种子，还需要在家长的帮助下才能抽芽破土。当家长通过细心观察发现了孩子的某一种潜在的兴趣时，家长要不失时机地把它挖掘出来，创设各种情境或条件加以引导，有意识地去培养。

2. 兴趣是孩子感知事物、追求新知识、发展思维的强大内驱力

兴趣使人集中注意力，产生愉快的心理状态，对孩子认识事物产生积极的影响，兴趣是孩子感知事物、追求新知识、发展思维的强大内驱力。孩子如果做他感兴趣的事，他的主动性将会得到充分发挥。即使是十分疲倦和辛劳，也总是兴致勃勃、心情愉快；即使困难重重，也绝不灰心丧气，而是努力地去想办法，百折不挠地去克服困难。对于二年级的孩子来说，他们的知识水平和生活经验都还比较匮乏，因此对很多知识和现象都充满了求知的欲望。此时，兴趣是促使孩子求知的强大内驱力，在兴趣的指引下孩子会积极进行新知识的探索。

了解孩子

二年级孩子的兴趣发展主要具有以下特点。

一、以直接兴趣为主

兴趣可分为直接兴趣和间接兴趣，由认识事物本身所引起的兴趣就是直接兴趣；由认识事物的目的和结果所引起的兴趣就是间接兴趣。二年级孩子的兴趣主要以直接兴趣为主，他们对学习的过程、对学习的外部活动比较感兴趣，如听课、阅读、写字，而不注意学习的结果。要提高孩子学习的兴趣，可以用行为、语言、形象、实验、图表及模型等多种形式和方法，吸引孩子对学习的直接兴趣，更应把学习的意义和将来的用处联系起来，培养孩子的间接兴趣，使孩子能保持长久的学习兴趣，自觉地集中注意力进行学习。

二、兴趣广度逐步扩大，但缺乏中心兴趣

小学生入学后受到教育教学的影响，学习活动的兴趣范围逐步扩大，从课内的学习兴趣扩大到课外的学习兴趣。小学生的兴趣范围虽然扩大了，但还没有形成中心兴趣。广泛兴趣和中心兴趣是一个良好兴趣品质的两个方面，二者是相辅相成、互为促进的。现在，孩子的学习负担偏重，这对孩子兴趣的发展是很不利的。家长应该走出只重视智育或考试成绩的怪圈，为孩子多创造一些条件，鼓励孩子，调动孩子的积极性，使孩子的课外活动丰富多彩。一方面要为培养和激发孩子的广泛兴趣积极出主意、想办法，当好参谋和组织者，使孩子全面发展；另一方面要指导孩子正确地认识自己的潜力，努力培养中心兴趣。

三、兴趣的稳定性不足

兴趣的稳定性指人对各种事物的兴趣在时间上的持久程度。二年级孩子的兴趣还不够稳定，容易被外界条件左右，既可以很快地产生，也

可以很快地消失。比如，他们可能一会儿喜欢写字，一会儿喜欢阅读，一会儿又喜欢计算。一种兴趣，能否成为持久的学习动力，还要看这种兴趣的稳定性如何。一个在事业上有所成就的人，其兴趣是稳定而持久的。家长要重视培养孩子稳定的兴趣，鼓励孩子持之以恒。

四、强加的兴趣不利于孩子的发展

有的家长忽略了孩子的兴趣爱好，只注重让孩子发展某一方面的特长。有时候孩子对家长的安排兴趣不高。当孩子被迫将大量的精力投入不感兴趣的事情时，会出现以下的问题：

第一，效率差距。孩子对感兴趣的事情比较容易学会，而对不感兴趣的事情要付出比别人更多的时间和精力。

第二，浪费大量的时间。面对不感兴趣的事物，孩子是无法做到全神贯注的，非常容易开小差。

第三，孩子的优势难以得到更好的发展。孩子的精力是有限的，花费过多的精力用来弥补短板就会导致孩子真正的优势得不到更好的发展。

第四，不利于亲子关系的发展。当孩子没有一个很好的表现和改变的时候，家长的期望就变成了无形的压力，这种压力会让孩子喘不过气，孩子很可能会产生强烈的逆反心理。

让我们一起听一听孩子的心声吧！

1. 我不喜欢跳舞

我喜欢画画，但不喜欢跳舞。妈妈说我站没站相、坐没坐相，需要好好练练形体，省得弯腰驼背不好看，非让我去学跳舞，我觉得好累。

2. 我希望能在周末出去玩

每到周末，我就要去上妈妈给我安排的五个兴趣班，比上学还要累！我一点玩儿的时间都没有。天气这么好，我好想和小伙伴一起去野餐，一起去郊游啊！

3. 我不知道怎么提高习字的能力

同学们说我的字不好看，妈妈让我坚持每天练习写五行字。可我总也写不好，字还是很丑，根本就没有变化，所以我不想再练了。

实施指南

著名学者丁肇中教授曾经说过，任何科学研究，最重要的是要看对自己所从事的工作有没有兴趣，换句话说，也就是有没有事业心，这不能有任何强迫。这句话足见兴趣对人的影响有多么深远。

那么作为家长，应该如何发现并挖掘孩子的兴趣点呢？

◆ 策略一：尊重和接纳孩子的兴趣

孩子是独立的个体，兴趣的选择不能被强迫。每个孩子都有自己独特的性格，有自己喜欢、擅长的事。虽然孩子的兴趣爱好可能与家长的期望有差距，但只要是正当的爱好，家长就应该尊重孩子。因为孩子在做自己喜欢的事情时，他的创造力和潜力才有可能得到充分的发挥，他的专注、认真、持之以恒的习惯和意志品质也可以得到锻炼，这有利于孩子的成长。

家长要主动积极地接受孩子的兴趣，尊重孩子自己的兴趣，还可以积极地创造一定的条件和空间，鼓励孩子发展自己的兴趣，提出合理的建议并加以引导。家长的接纳，对于孩子来说，比任何物质奖励都要重要，因为当父母接纳孩子的兴趣时，孩子就会感到自己被重视和欣赏，内心充满信心和骄傲，从而为了做得更好而全力以赴。

◆ 策略二：积极发现孩子的兴趣点

家长要养成仔细观察孩子的习惯，孩子反反复复做的事情往往就是他们感兴趣的；其次，家长应该站在一个平等的立场上与孩子沟通，多听听孩子的想法，多问问孩子喜欢做什么，或许从孩子天真的回答里可以发现孩子的兴趣所在。比如，家长和孩子一起外出活动时，可留心孩子感兴趣的商品、书籍；从孩子平时的发问中，了解孩子的兴趣爱好……

家长要善于发现孩子的兴趣爱好，并试着引导孩子多在兴趣方面下功夫，尽可能地为孩子创造机会、创造条件，让孩子无忧无虑地在自己喜爱的天地里畅游。这样会激发孩子的最大潜能，有利于孩子在某一领域取得突出成就。

◆ 策略三：为孩子提供解决问题的机会，增强孩子的自信心

家长要学会对孩子适当放手。对于超出孩子能力的事情，家长可以从旁协助，但不要包办替代；当孩子在感兴趣的事物面前遇到挫折时，家长要懂得做一个有效的倾听者和陪伴者，关心孩子的感受，理解孩子的情绪，引导孩子通过自己的力量去解决所面临的问题，鼓励并相信孩子有能力处理好自己的事情。当孩子依靠自己的能力积极寻求解决问题的办法，并且能够成功克服困难的时候，孩子就会变得更加自信。而自信是人类内心深处的强大力量，能够让人不断地超越自己。这种强大的力量一旦产生，就会使人产生勇气，原本不能轻易解

决的问题也能迎难而上获得成功。自信给孩子带来持续前进的力量，也能让孩子在自己选择的兴趣爱好方面始终保持动力，不断挑战并突破，最终获得一定的成就。

◆ 策略四：强化巩固孩子的兴趣

培养一项兴趣不易，巩固一项兴趣，使之长久，更不易。孩子的注意力短暂，兴趣容易转移，“朝三暮四”是常有的现象。这时家长就要开动脑筋，不断变换方式，创造多种环境，以巩固延续孩子的兴趣。比如，孩子喜欢车子，可以给孩子阅读与车有关的书籍，外出时教会孩子认识车的种类和用途等。生活中的教育方式随处可见，关键是家长要做一个有心人。

值得提醒的是，发展孩子兴趣的持久性和稳定性并不等于孩子一旦确立了对某一事物的兴趣，便再也不能转移兴趣的方向。如果孩子不再对某一事物感兴趣，也要硬着头皮走下去，这是不利于孩子成长的。家长要根据孩子的兴趣爱好、自身条件来判断这种兴趣是否真的适合孩子。

◆ 策略五：及时鼓励孩子

一位心理学家曾说：“抚育孩子没有其他窍门，只有赞美他们。当他们把饭吃完时，赞美他们；当他们画了幅画时，赞美他们；当他们学会骑自行车时，还是赞美他们。”孩子在发展兴趣的过程中有了成果，家长就要及时予以赞扬。家长的鼓励是对孩子的一种激励，孩子可以从中不断汲取前进的动力，充满自信和勇气迎接更多挑战。

延伸拓展

一、阅读推荐

》》《这样爱你刚刚好，我的二年级孩子》(主编：朱永新、孙云晓、刘秀英；出版单位：湖南教育出版社)

理由及建议：这本书由多位一线育儿专家和教育专家共同编写，向家长们传授育儿的知识和技巧。图书设计新颖，文中配以插图和色块小贴士，图文并茂；内容以理论和案例交互呈现，既具备理论的高度，又具有实操的温度，兼具可读性、趣味性、实用性。

二、视频推荐

》》1. 电影《伴你高飞》(导演：拉罗尔·巴尔兰德)

理由及建议：影片的片名有着多重的意义，不仅代表着主角艾米陪伴雁群高飞，其实雁群也在陪伴艾米高飞，还有艾米的父亲也伴随女儿艾米完成了一次心灵层面的飞跃和成长。影片的故事没有过多的戏剧冲突，也没有高超的技巧，却直击人心。影片的主题内涵十分丰富，一方面，艾米在爱的流动中内心的伤痛得以疗愈；另一方面，影片对爱的认识远远不只停留在亲情、爱情和友情层面，更推而广之到人与人之间，以及一切世间万物的互相关爱。这部影片是爱的诠释，更是教育的展现，它可以让更多的父母知道如何去爱孩子，如何陪伴孩子成长。

》》2. 电影《偷书贼》(导演：布莱恩·派西维尔)

理由及建议：影片讲述了莉赛尔·梅明格和弟弟一同被母亲送往慕尼黑远郊的休伯曼家寄养，在途中弟弟过世，莉赛尔在简陋的葬礼上拾得一本《掘墓人手册》，这成为她的第一本书，也使她开始真正认识这个世界，认识身边的人。她在温柔的养父休伯曼的引导下认字，在镇长夫人的默许下得以时常守在高高的书架前读书。与此同时，纳粹开始对犹太人愈加残酷地压迫，焚烧犹太“有毒”书籍，捣毁每一家犹太店铺，直至将犹太人集体驱赶到集中营。她和养父养母一起，在苦难中掩藏了穷途末路的犹太人马克斯。而当战争降临到她身边时，书成为她生命中最后也最恒久的希望。影片中有这样的一句话：“她的内心充满了热切的求知欲。她渴望着文字。这就是为什么她可以爬得比别人高的原因。”这就是阅读的力量。

评估改进

一、自我评估

亲爱的家长，您好！您在日常生活中的实际情况与下面列出的表现是否相符？若相符，则选“是”；若不相符，则选“否”。

	是	否
① 孩子在专心做自己喜欢的事情时，您能够不因其他事务而催促或打断他。	□	□
② 您不赞同“学习是孩子唯一的出路”的观点，您认为只管学习的做法不利于孩子的全面发展。	□	□
③ 您认为家务劳动需要家庭成员共同承担，让孩子参与其中，能够培养孩子的责任心。	□	□
④ 如果孩子与朋友玩耍时出现小矛盾或不愉快，您能够不急于干涉，相信孩子自己能够处理好问题。	□	□
⑤ 如果孩子跟您分享自己的心事，您能够站在孩子的立场，尊重孩子的想法或感受。	□	□

	是	否
⑥ 您能够为孩子的点滴进步而感到高兴，对孩子予以及时的赞扬与鼓励。	□	□
⑦ 孩子犯错时，您能够控制好自己的情绪，冷静下来，对孩子施以正确的引导，而不是一味地责备。	□	□
⑧ 您会为孩子定期购买书籍。	□	□
⑨ 您已经为孩子创设了一个阅读区域，在阅读区域内摆放孩子喜欢的书籍，方便孩子随时取阅。	□	□
⑩ 您在督促孩子阅读的同时，自己也在坚持阅读。	□	□
⑪ 您会和孩子分享自己的读书收获，交流读书感悟。	□	□
⑫ 您经常和孩子共读，并引导孩子摘抄积累精彩词句。	□	□
⑬ 您已了解二年级的孩子在阅读方面需要达成的目标，并陪孩子一起贯彻执行。	□	□
⑭ 您已了解孩子在二年级的心理发展特点，善用科学方法解决孩子教育的问题。	□	□
⑮ 孩子的兴趣广泛，在条件允许的前提下，您愿意支持孩子尝试他感兴趣的事情。	□	□
⑯ 您认为孩子的兴趣选择需要遵从他自己的意愿。	□	□
⑰ 当孩子对自己的兴趣特长不再热衷时，您会尊重孩子放弃的意愿而不强迫。	□	□
⑱ 当孩子选择的兴趣与您的期望相悖时，您会积极与孩子进行沟通并尊重孩子的选择。	□	□
⑲ 孩子的学习兴趣不稳定，您能够理性分析原因，而不是一味责怪孩子。	□	□
⑳ 您愿意把孩子当作平等独立的人来对待，而不是一味地加以管控。	□	□

【评估参考】

①若您选择“是”较多，说明您能真正从引导孩子的兴趣入手，激发孩子的学习动力；您不仅关注孩子的阅读，注意培养孩子关注身边的人与事的习惯，还能够因阅读而和孩子拥有共同的话题。您是一位比较优秀的家长，可以帮助孩子全面健康地发展，请您继续保持。

②若您选择“否”较多，也许您需要静下心来思考一下自己的教育方式，继续学习科学的教育理念，及时调整和更新家庭教育理念，修正自己的教育行为，不做教育孩子的“甩手掌柜”，用心陪伴孩子成长。

二、改进计划

亲爱的家长，您好。阅读本专题后，您应该对如何引导孩子学会关注身边的人与事，如何引导孩子学会阅读和积累，如何发掘、发展孩子的兴趣等方面有了更全面的认识。请根据您的实际情况，写出您认为自己需要改进的内容，并按计划逐项完成。

二年级下册

第四专题 交“好”朋友，做友善人

2014年5月4日，习近平总书记在北京大学师生座谈会上发表重要讲话。他指出：“中华优秀传统文化已经成为中华民族的基因，植根在中国人内心，潜移默化地影响着中国人的思想方式和行为方式。今天，我们提倡和弘扬社会主义核心价值观，必须从中汲取丰富营养，否则就不会有生命力和影响力。”并列举“与人为善”等古语，说明社会主义核心价值观与中华优秀传统文化的关联。

2014年8月22日，习近平主席在蒙古国国家大呼拉尔的演讲中指出：“在5000多年的文明发展中，中华民族一直追求和传承着和平、和睦、和谐的坚定理念。以和为贵，与人为善，己所不欲、勿施于人等观念和传统在中国代代相传，深深植根于中国人的精神中，深深体现在中国人的行为上。”

“与人为善”出自《孟子·公孙丑上》。孟子曰：“子路，人告之以有过，则喜。禹闻善言，则拜。大舜有大焉，善与人同，舍己从人，乐取于人以为善。自耕稼、陶、渔以至为帝，无非取于人者。取诸人以为善，是与人为善者也。故君子莫大乎与人为善。”

哲人说：“友善是道德中最大的秘密。”友善是人际交往中应该遵守的道德规范，如果人们都能以与人为善的态度去处理日常生活中各种各样的人际关系，我们的生活就会充满阳光。

二年级的孩子尚处于分辨善和恶的朦胧状态。亲子教育家成墨初指出，如果我们给孩子营造一个善良的环境，他成年后就会善意地看待世界和他人，主动去做善良的事，下意识地寻找并且吸引同样善良的人跟他做朋友，而且他会排斥那些不善良的事物。无论在什么样的社会环境里，一个善良、真诚、谦和、友爱、善于协作的人，都是受欢迎的，成功的概率也更高。这就需要我们家长有意识地培养孩子处理好与他人的关系的能力，引导孩子交“好”朋友，学会互帮互助，能够礼貌待人，教会孩子以友善的态度与同学相处、与老师相处、与家人相处，给孩子营造一个心情舒畅、处处温暖和谐的生活环境。

交“好”朋友
——让孩子学会沟通

案例分析

小凡今年8岁，出生于一个普通农村家庭。小凡的父母长年在外打工，于是孩子的教育问题就落在爷爷奶奶身上。但爷爷奶奶要干农活，所以平时都不怎么管他，总是把孩子留在家里看电视。父母逢年过节才回老家与小凡团聚，出于愧疚，父母格外珍惜与小凡相处的日子，对小凡有求必应。小凡7岁的时候，父母把小凡接到南宁上小学。离开老家来到新的环境，孩子的情绪低落，不能适应学校生活，经常通过抢别人的东西、拉扯别人的衣服来表达亲近与友善，不能与人友好相处。小凡与同学交流的时候自卑、缺乏良好的合作意识，久而久之，对什么事都显得没有热情，参与意识淡漠，不合群，平时沉默寡言，独来独往，经受不住挫折，稍有委屈就哭。老师把小凡在校的情况反映给小凡父母，父母便对小凡严格管教起来，小凡变得更孤僻了。他陷入了两难的境地：想与同伴玩耍，但是又不会表达友善；想适应集体生活，但是又不会与同伴沟通；想得到大家的关注，但是又不能正确表达自我的情感需求。

案例中的小凡，在一定程度上表现出社交沟通能力的欠缺。根据其家庭背景，他在社交上出现沟通障碍、适应不良的主要原因有以下几个方面：

1. 家长溺爱

父母每次回老家就是给小凡生活费及零花钱，对他物质上的要求尽全力满足，但很少过问小凡的学习情况，也不关注孩子的思想动态，不注重孩子的品德教育。爷爷奶奶忙于农活，担心孩子在外面会受委屈，所以尽量不让孩子外出。这样一来，孩子和外面接触少了，家里又没有同龄的小朋友一起玩耍，长期自己玩玩具、自己看电视，就会变得孤僻。

2. 家庭陪伴不够

现代家庭中父母对孩子普遍缺乏高品质的陪伴。而小凡作为留守儿童，更是难以享受到父母的呵护。这导致孩子从小寻求关注，并将对关注的需求从家庭中延伸到学校和社会。案例中的小凡，从小得不到父母的高品质陪伴，内心安全感严重缺失，这导致他在社交沟通时陷入两难的境地。

3. 家庭交际行为对孩子的影响

小凡属于留守儿童，父母长期不在身边，孩子很少受到父母交往行为的影响。而爷爷奶奶在老家务农，与人交流的方式比较单一，这也影响到孩子自身交流技巧的锻炼和交友价值观的树立。从案例中可以看出，小凡受爷爷奶奶交友情况以及家庭成员之间相处方式的影响还是比较深的，这都会潜移默化地影响小凡的交友和沟通。

了解孩子

二年级的孩子和初入一年级时相比明显有了变化：更加活泼自信了，对大人的心理依赖更少了，活动范围更大了，伙伴更多了，学习能力更强了……但是随之而来的问题也更多了，比如闹情绪的频率增加了，更常顶嘴了，不愿意受管教约束了，玩心更重了，等等。这个时期的孩子，还爱搞些小捣乱，以便发泄自己的情绪，并得到大家的注意，在与同伴相处的过程中也会表现出同样的行为。对于二年级的孩子而言，人际关系至关重要，不论是与父母的亲子关系，还是跟朋友的友好交情。二年级的孩子忙着与他人建立密切而友好的关系，他对别人的印象和别人对他的印象都变得很重要。这个年龄段的孩子往往喜欢凑近听成年人谈天说地，关注成年人说话时的表情，希望听到他们说一些有关自己的好话。他还能意识到成年人的世界和自己的世界之间的差距，并做出自我调整。

一、孩子对人际关系十分感兴趣

二年级的孩子对人际关系十分感兴趣，尤其对身边成年人之间的关系感到好奇。有时，孩子会通过玩纸娃娃来探究家庭矛盾以及家庭关系。纸娃娃能够扮演各种角色：父亲、母亲、新郎、新娘、女儿、儿子、访客等，而且孩子还能配以戏剧化的解说。这一时期，家长可以通过和孩子一起玩角色扮演游戏，让孩子正确认识人际交往，学会与他人相处。

二、孩子产生了强烈的集体荣誉感

一年级的孩子集体意识还比较淡薄，不知道集体是什么，而二年级的孩子就会表现出较强的集体荣誉感。例如运动比赛时，自己班级的运动员赢了，他们会欢天喜地；其他班级取胜，他们可能会沮丧。

三、二年级是孩子自信心形成的关键时期

二年级是孩子自信心形成的关键时期。这一阶段的孩子很在乎别人对自己的评价，能从别人对自己的评价中发现自己的价值。特别是受到表扬、奖励、鼓励时，他们会产生兴奋感，自豪感和自信心会大增。反之，如果某些方面表现不好，成绩欠佳，别人对自己的评价很低，他们就会产生自卑情绪，对自己丧失信心。

不同孩子对交友存在不同的看法，让我们听听孩子的心声。

1. 我喜欢通过打闹的方式表达友好

我很喜欢与同学玩耍。我跟同学玩的时候，我喜欢把同学的作业本藏起来，喜欢扯同学头发。我喜欢通过与他们打闹表示我的友好。

2. 我不喜欢与同学有太多的接触

我喜欢安静地看书，不喜欢与同学有太多的接触，因为那让我不自在。

3. 我喜欢分享和帮助同学

我总是很容易就能与同学们玩到一起，我很受同学们的欢迎。我喜欢与同学们分享我的东西，我也喜欢帮助有困难的同学。

实施指南

孩子的社交能力与小时候的成长环境有很大的关系，家长在保护孩子的同时，也应给孩子创造出好的社交环境。每个孩子都有自己独特的性格，也有属于他自己的社交圈子和交往方式。孩子的交往潜力很大，就看家长怎么培养。

◆ 策略一：培养孩子的社交能力

学会与陌生人说话。有的父母怕孩子单独外出会闯祸，于是吓唬孩子，导致孩子变得胆小，怕见生人；有的父母怕孩子外出受到别人的欺侮，怕孩子吃亏、学坏，认为孩子还是留在家中好；有的父母怕孩子与他人接触会感染疾病，情愿让孩子闭门独处……其实，这些做法都不利于孩子接触社会和开拓视野，也不利于孩子扩展人际关系和形成健全的人格。为了让孩子能以积极的心态面对人际交往，父母可以尝试为孩子创设外出活动和与人交往的条件，鼓励孩子和其他小朋友玩耍，让孩子在和他人的交往中提高交往能力。譬如和左邻右舍打个招呼、问个好，和熟悉的、年龄稍大几岁的小朋友一起玩游戏，再慢慢过渡到走亲访友，去公园和同伴嬉戏，利用乘车、散步的机会和陌生人接触，等等。同时还需要注意教育孩子，与陌生人接触时需要得到父母的允许，不能随便接受陌生人的东西，不能给陌生人开门，不能跟陌生人走，培养孩子的自我保护意识。

学会使用礼貌用语。培养孩子文明礼貌的行为习惯，引导孩子形成谦虚有礼的行为方式，以便更好地适应社会交往，如与人打招呼、接电话的用语，回答别人的问题，向他人问路、请教，等等。若孩子在熟人或者陌生人面前能够很好地使用礼貌用语，通常会得到对方的良好反馈，这对增强孩子交往的信心大有益处，孩子也会更乐于交往，孩子与他人交往的机会变多，孩子的交往能力也会因此得到提高。

学会分享，不怕吃亏。家长要教育孩子乐于把图书、玩具等和其他小朋友分享。当自己的孩子有吝啬的表现时，应该启发、引导孩子多听伙伴的意见；当自己的孩子和伙伴发生争吵时，不可偏袒自己的孩子，而要进行调解；当自己的孩子对伙伴表现出宽厚、谅解时，应该予以肯定和表扬。总之，要使自己的孩子懂得和同伴平等相处。

学会改正不当行为。和大人们一样，孩子在交往过程中也可能出现不当行为，如欺负其他小朋友或者过分吝啬等。这些交往中的不当行为都可能使孩子在朋友中不受欢迎。这时，我们可以帮助孩子认识自己行为的不当之处，帮助孩子改正，以获得持久的友情。

◆ 策略二：为孩子创造交友环境

鼓励孩子邀请其他小朋友到家里来玩。同伴教育对孩子的成长同样重要，邀请小朋友到家里玩耍，孩子们就会有更多的时间在一起，也会有更多的机会学习处理相处过程中可能发生的纠纷；也可以鼓励自己的孩子到其他小朋友家去做客。孩子的交往也如同成人的交往，既可以请进来，也可以走出去，两者同样重要。为了避免自己的孩子给别人添麻烦，家长可以让孩子带些小礼物去做客，这样既周到又礼貌，还能让孩子学会分享。

带孩子来一场“说走就走的旅行”。孩子的世界很单纯，有时带孩子出去游玩会发现很多惊喜。外出能教会孩子如何和他人相处，如何去和别人打招呼，如何对待身边的人和事；能使孩子成长得更快，视野更广。家长要有意识地带孩子去做这些事，让孩子不断接触新的交往对象，获取新知识。旅行不仅能让孩子增长见识、锻炼思考能力、扩展交往范围，还能给孩子以后的社交活动增加话题。同时，多走多看也会增加孩子对其他地方的文化和历史的了解，让孩子的内心变得越来越具包容性，精神世界也越来越丰富。

◆ 策略三：与孩子进行有效沟通

面对自我意识越来越强的孩子，我们可以思孩子所思，想孩子所想，站在孩子的角度去感知、体会、思考问题，拉近与孩子的心理距离。父母只有与孩子成为相互理解、相互信任、相互帮助的知心朋友，才能消除彼此沟通的障碍。孩子向父母袒露心声，父母就能对孩子进行有效的指导。倾听是沟通的前提，父母倾听孩子的心里话，知道孩子想什么、关注什么和需要什么，就能有针对性地给予孩子关心和帮助，会使以后的沟通变得更加容易。我们作为家长，要耐心倾听孩子的话，并且注意孩子在谈话中想表达的重点。孩子向您诉说高兴的事，您可以表示感同身受；孩子向您诉说不高兴的事，您可以让他尽情地宣泄，并表示理解；发现孩子措辞得当，要给予赞赏；发现孩子条理清晰，要及时肯定："我家出了一个'雄辩家'！"在倾听时您可以使用"嗯""噢""是吗""后来呢"等词语，表示您在认真地倾听，并鼓励孩子继续说下去。使用这样的方式，不但能使孩子愿意经常和家长沟通，而且还能提高亲子沟通的质量。

◆ 策略四：帮助孩子建立自信

一些孩子之所以内向、不善于沟通，很大程度上是因为存在自卑心理。家长可以在生活中多赞美孩子，尤为重要的是要给孩子营造一个充满爱和欢乐的家庭环境，帮助孩子慢慢建立自信心。家长应多与孩子互动交流，帮助孩子在学习和生活中逐渐结交伙伴，发展初步的社交能力，从而获得心理的全面发展，形成健全的人格。

家长成为孩子的定心丸，孩子将变得更自信。父母是孩子的依靠，当孩子遇到困难时，父母适时出现并给予孩子支持，对孩子来说就是最好的安定剂。所以，拍拍因为失败而伤心的孩子的肩膀、给冻得两腮发红的孩子一个温暖的怀抱、为饥饿的孩子准备可口的食物、给摔伤的孩子涂药都是我们父母应该做的事情。孩子感受到父母的爱，才会消除恐惧与不安，才会更乐于接受这个世界。

家长都希望看到孩子快乐成长，也希望孩子将来事业成功、家庭美满。多花精力从多方面提升孩子的社交与沟通能力，是家长为实现孩子的幸福快乐应尽的责任。

互帮互助

——主动帮助有困难的人

案例分析

军军是家里的“二宝”，由于全家人平时都很宠爱他，他从小就养成了衣来伸手、饭来张口的习惯。生活中，军军习惯于家人和同学的关心和帮助。一天傍晚放学，妈妈接军军回家，在路上他们看到一位小妹妹走路不小心摔倒了。妈妈说：“军军，小妹妹摔倒会很疼，一定很难受，你快去扶起她，帮她擦擦脸，好吗？”军军满脸不高兴地说：“我放学走这么远的路，已经累得快走不动了，才没有力气扶她呢。”妈妈听了，心里很不是滋味：我家的宝贝怎么这么没有爱心，不乐于助人呢？

俗话说“三岁看老”，就是说孩子小时候所表现出来的个性和品质，会影响他的一生。爱人者，人亦爱之；助人者，人亦助之。人的生活很大一部分是由与他人的相互交往构成的。乐于助人，就是要求人们善于理解他人的处境、情感和需要，及时去支持别人，关心、帮助别人。孩子学会为他人着想，乐于助人，自己有困难时才可能得到别人的帮助，社会才会形成互帮互助的良好氛围。关心他人，竭尽全力去帮助别人，会使自己变得慷慨而高尚；时常为他人着想，会丰富自己的内心，提高自己的涵养。

不少家长会有这样的烦恼：孩子不懂得助人为乐，以后怎么跟同学、朋友相处啊？孩子究竟什么时候才能学会帮助他人呢？这些家长往往羡慕“别人家的孩子”落落大方、乐于助人，反观自己的孩子，心里觉得既无奈又惭愧。的确，孩子有乐观向上的性格，懂得感恩分享、乐于助人，是我们每一位家长都期待的。在孩子的成长过程中，有的父母只是一味地疼爱孩子，却忽略了给孩子提供奉献爱心的机会，导致孩子只会接受爱，渐渐丧失了给予、表达爱的能力。若孩子只知道索取，不知道给予，就会慢慢变得冷漠、自私。

孩子缺失乐于助人的品质，很多时候是家长不正确的教育方式所导致的。

1. 溺爱

相关调查表明，在家里受溺爱的孩子，多数不会关爱和帮助他人。这类孩子在家里一般都会得到家人无微不至的关爱、照顾。而家人的过度关注和呵护，无条件地为孩子服务，容易使孩子形成以自我为中心的习惯，久而久之就容易养成自私、任性、专横、霸道等不良品格。孩子因为长期不懂得考虑别人的需要和感受，缺乏帮助和关爱他人的意识，也就不懂得要互相谦让和互相帮助，遇到需要帮助的人时，通常会表现出冷漠。孩子也很容易把这样的不良习惯带到他生活的每一处，比如学校、社区等。家长应鼓励孩子在与同伴交往、与他人相处的过程中，有意识地关心他人，形成乐于助人的品质。

2. 控制、责备

有一种说法是，在批评中长大的孩子容易责难他人，在敌意中长大的孩子往往喜欢吵架，在恐惧中长大的孩子常常深感忧虑，在嘲笑中长大的孩子大多个性羞怯；而在鼓励中长大的孩子通常深具自信，在宽容中长大的孩子一般能够包容，在称赞中长大的孩子多数懂得感恩，在分享中长大的孩子大都慷慨大方，在友善中长大的孩子则不但爱自己也爱他人。孩子在成长过程中是期待得到父母和他人的肯定和鼓励的，可是有的父母并没有正面引导和教育，而是用挑刺的方式教育孩子，常常抓住孩子的不足之处予以责备。这类父母常从语言、行为两个方面表达对孩子的不满，期待孩子改变，满足自己的控制欲望。有一个孩子是这样说的：“我的妈妈不允许我做任何违背她想法的事情，我事事都要听她的；当我犯错的时候，就会受到她的批评，‘你怎么那么笨’‘你到底在搞什么’……这些话我几乎每天都能听到。可是她犯错的时候，就会给自己找借口。我现在只想快点长大，离开她。”

还有的家长在教育孩子时采取过激、粗暴的方式。他们认为“玉不琢，不成器”，认为“孩子不打不骂不成才”，所以每当孩子做得不好或者犯错的时候，不是心平气和地和孩子沟通、讲道理，而是不分青红皂白先骂一通、打一顿再说。我们试想，如果孩子怎么努力都得不到家长的肯定和鼓励，却会因犯一点错误就受到责备和批评，甚至打骂，孩子不仅无法真正认识到自己的错误，还很有可能形成心理阴影。长期生活在这种环境下的孩子，不但很难形成积极心态、积极人格，而且还可能会形成自卑、懦弱等性格。

了解孩子

一、价值观尚不成熟

二年级的孩子处在心智尚未健全的年龄段，他们的人生观、价值观也尚不成熟，往往没有学会换位思考，不能考虑到他人的处境，也不是很能明白助人行为的具体意义，以及为何友善、体贴的行为会给他人带来快乐和幸福，因而很少自觉做到积极地去帮助需要帮助的人。

在这个时期，孩子的人生观和价值观的形成多源自模仿。他们有很强的模仿欲，不断地模仿身边的人，如父母、老师，且模仿行为要比模仿语言多。当模仿对象的行为与语言矛盾的时候，他们会优先模仿行为。因此，对此阶段的孩子的教育，身教比言传更重要。我们要多留意孩子的身体语言，多与孩子分享积极、正面的信息，多支持孩子的积极行为，帮助孩子形成积极的人生观和价值观。

二、主动意识不够强

七八岁孩子的思想开始从单纯走向成熟，他们开始有自己的意向、自己的打算，想干什么就干什么。但是他们的辨别能力弱，主动意识不够强，不完全明白哪些事情可以做，哪些事情不能做，哪些事情可以主动做。孩子虽然年龄小，但是自尊心强，有时候他们会觉得太过主动反而会显得自己是刻意地迎合他人，因此不愿这样做。

三、共情能力尚欠缺

二年级孩子的认知还未发展成熟，他们的抽象逻辑思维没有完全发展，具体形象思维仍占据主导地位，认知还呈现出幼稚化、片面化、具体化等特点。有些孩子的认知发展程度尚不足以使共情产生，因而缺少共情能力；还有的孩子容易以自我为中心，很多时候不能站在他人的角度看问题，无法理解他人能力还不足。缺少共情能力的孩子很多时候就像一个看客，不会积极帮助别人，不怎么会为别人着想，也不太乐意接受别人的帮助，而这与孩子成长中缺少父母的关爱和引导有关。在孩子寻求帮助的时候，若父母没有给予积极友善的回应，就会导致孩子的需求得不到满足，所以在别人需要帮助的时候，孩子也难以做出积极回应，给予帮助。

孩子与同伴在学习、研讨、游戏中相互交流，共同成长。如何让孩子学会互帮互助？接下来，让我们听听孩子的心声吧！

>> 1. 我希望父母成为我互帮互助的榜样

爸爸妈妈总是让我学会互帮互助，可是我常常看到他们为一些家务事该由谁负责而争论不休。我希望爸爸妈妈能为我树立互帮互助的榜样。

2. 我希望父母能告诉我如何更好地帮助他人

助人是一件很快乐且有意义的事情。当朋友面对困难时，我也想帮忙，可是不知道怎么样去帮助他。当同学摔跤或不会做作业时，我不知道如何帮助他们。我希望得到一些指导。

3. 我希望父母信任我，让我能够自己的事情自己做

爸爸妈妈很爱我，不愿意让我受苦受累，很多事情都帮我安排好、整理好。这让我没办法在生活中锻炼自己处理事情的能力，自己的事情都不能自己做好，更别说帮助别人了。我希望以后有更多的机会独立做事和锻炼自己。自己有能力了，才能去帮助他人。

4. 我希望父母常给我鼓励和表扬

很多时候我感觉自己帮助了别人，也觉得自己做得很好了，很期待得到父母的鼓励和肯定，但是却没有。我总会想，是不是我做得不对或者做得不好。我希望以后父母能多鼓励和肯定我。

实施指南

◆ 策略一：为孩子的成长营造和善仁爱的家庭环境

父母给孩子最好的礼物，就是一个充满爱的家。家长要努力为孩子营造充满温暖、和善与关爱的家庭环境，夫妻之间要和睦相处、相亲相爱，并且要乐于帮助和关爱他人，在这样的环境下成长的孩子自然会拥有一颗仁爱之心。

◆ 策略二：让孩子在榜样的力量中获得助人的动力

教育家、儿童心理学家陈鹤琴曾说："怎样的环境，就得到怎样的刺激，得到怎样的印象。"父母就是孩子的榜样，孩子的许多行为都是从父母那里学来的。模仿是孩子最擅长的学习方式，家人的一言一行，孩子都会看在眼里，记在心里，并成为行为上的暗示。因此，如果父母希望自己的孩子拥有乐于助人的好品质，那么就必须从现在开始，从生活的点点滴滴做起，有意识地做孩子的榜样，让孩子从模仿中学会关爱他人、帮助他人、奉献爱心。所谓言传不如身教，做父母的，无论平时工作有多忙、多累，都别忘了用自己对他人的关爱，慢慢影响、感染孩子，使助人精神能深深地留在孩子的心里。家庭是孩子的第一个学校，而家长是孩子的第一任教师，孩子的各种习惯与行为首先来源于家人。如果父母经常帮助他人，例如帮助邻居照顾小孩、主动为别人让座等，孩子看到父母热心助人的行为，在潜移默化中自然就能学会如何帮助他人，奉献自己的爱心。此外，家长还可以充分利用社会榜样的影响力培养孩子的爱心和社会责任感，如和孩子分享"感动中国2020年度人物"张桂梅的事迹，让孩子学习张桂梅老师的大爱与担当。作为家长，常与孩子分享这样有着大爱之人的事迹，向孩子传递乐于助人的正能量，能让孩子在一个个感人的故事中，感受什么是助人、什么是担当。

◆ 策略三：让孩子学会在移情中产生积极助人的意愿

父母要善于引导孩子学会移情，懂得将心比心、换位思考，让孩子能够体会别人的心情和感受，从而学会理解别人。孩子一般都不喜欢父母直接说教，所以父母要选择合适的时机，有意识地引导孩子。例如，某地发生灾情，家长可以这样引导孩子：“现在灾区受灾严重，那里的小朋友没有衣服穿、没有饭吃，一定冷极了、饿极了。如果你也在那里，会是怎样的感受？咱们去捐点衣服、送点食品给灾区的人们吧。”又如乘车的时候，看到怀抱婴儿的乘客，家长可以和孩子说：“你看，那个阿姨站着抱着小婴儿多累呀，我们让阿姨坐到这儿来吧，好吗？”通过这样的引导，能让孩子产生积极助人的意愿，感受到助人的快乐。在一点一滴的培养、一言一行的引导中，仁慈博大的爱就会在孩子心中扎下根，并随着孩子的成长而成为其内在珍贵的品质。

◆ 策略四：教育孩子在担当中明白帮助他人的责任感

培养担当需要榜样。家长自身对家庭、对社会的责任心如何，孩子也会如何，孩子的责任心强弱可以反映父母的责任心。一个对家庭、社会毫无责任感的父母，不可能培养出有责任担当的孩子。

我们作为家长，要善于引导孩子勇于担当生活中的责任，感受生活的美好。平时，我们可以让孩子承担力所能及的家务，让孩子养成良好的劳动观念和家庭责任观念。我们还要让孩子承担学习的责任，因为在学习上，孩子越早学会独立自主就越早受益。父母要学会放手，让孩子对自己的学习有一个目标和计划，这更有利于孩子的成长。我们要告诉孩子自己的事情自己负责、自己的事情自己做，如自己收拾书包，自己扎头发，等等。我们更要告诉孩子，只有做好自己的事情，做一个有责任心的人，将来才有能力为社会做贡献。

◆ 策略五：让孩子在接受肯定和赞扬中形成助人的习惯

当孩子参与家务劳动或者与同学朋友分享玩具和食物时，父母要第一时间给予孩子肯定和赞扬。孩子获得了关注和认可，感受到助人的快乐，就有可能积极地去帮助有困难的人。孩子在体验助人的快乐中成长，久而久之，也就形成了习惯。

◆ 策略六：鼓励孩子把帮助他人的事记录下来

家长可以让孩子养成写助人日记的好习惯，把自己在什么时候、什么地方，帮助了谁、做了什么，都记录在日记本里。可以引导孩子每隔一段时间回顾一次助人的经历，在回顾的时候，家长和孩子都会对所做的事感到自豪。家长也可以把孩子助人为乐的相片保存起来。

家长还可以告诉孩子，主动帮助他人，事实上就等于帮助自己。因为社会是一个共同体，每个人都是互相联系的，人们互相被需要，帮助他人会让人和人之间的关系变得更友好、更和谐温馨。

◆ 策略七：让孩子在阅读中感悟助人的快乐

越来越多的儿童读物注重培养孩子慷慨大方、乐于助人的品质。家长可以为孩子购买这样的书籍，和孩子一起阅读，把书中所蕴含的道理告诉孩子，让孩子从阅读中懂得助人为乐，做个爱学习、乐助人的好孩子。

◆ 策略八：教育孩子在乐于助人的同时也要学会保护自己

“人之初，性本善”，家长在孩子成长过程中教育孩子心地善良、乐于助人的同时，也要提醒孩子保持应有的警惕，要增强自身的安全防范意识，学会辨别真伪、保护自己，因为有时候过于善良会被坏人利用，自己反而会受到伤害。我们要让孩子明白，在帮助他人的时候，要分清哪些是“披着羊皮的狼”，以免受到伤害。

家长在教育孩子辨别真伪、自我保护的同时，也要引导孩子在助人的时候量力而行，不能盲目助人。有的人为了救起溺水的人，自己却溺水身亡，让人惋惜。有的时候，人们帮助别人却没有考虑到潜在的危险，没有注意保护自身的安全。作为家长，我们都希望自己的孩子有助人为乐的品质，但是在培养孩子这一优秀品质的同时，也要注意引导孩子不能为了助人而助人，要注意助人的方式方法，选择恰当的助人行为，不逞强，学会正确评估自己的能力，在力所能及的情况下向他人伸出援手。

礼貌待人
——在不同场合正确使用文明用语

案例分析

冬冬在二年级之前都很乖、很听话，尤其是在幼儿园，很有亲和力，见人就问好，但现在别人跟他说话他都当作没听见，见到熟人也不打招呼问好，就知道躲在父母身后。回到家往沙发上一坐，袜子跟鞋脱得东一只西一只，什么东西都是乱丢、乱放。跟他说话，他回应的声音特别大，还很不耐烦。大家都觉得他变得既不听话又叛逆。冬冬的爸爸也经常因为冬冬的表现而责骂冬冬，说他是个坏孩子，连平时对他说话都是大声呵斥，对他也越来越没有耐心了。

但是，老师反映冬冬在学校表现挺好的，很遵守课堂纪律，讲卫生，有礼貌，见了老师也会主动问好，还经常得到表扬。那么，冬冬为什么会成为爸爸眼中的“坏孩子”呢？除了冬冬爸爸，也有不少家长觉得老师、同学眼中的孩子与自己眼中的孩子不是同一个人，问题到底出在哪里呢？

1. 孩子缺少榜样的力量

家长是对孩子最有影响力的榜样。二年级孩子的认知和行为养成仍以模仿为主，对于事情的认知和判断都受父母的影响，家长不经意间的行为举止都会对孩子产生影响。比如，听到爸爸大声讲话，孩子自己也会无意识地模仿；如果在家里爸爸大声讲话被家人接纳，那在孩子的认知里大声讲话也是一件无伤大雅的事情，因而自己也会在其他场所大声讲话。如果家长在孩子面前主动去和他人打招呼，孩子耳濡目染，也会养成主动打招呼的习惯。

2. 家长没有营造良好的教育环境

家庭是孩子成长的重要环境。家庭和学校都是孩子成长过程中的重要场所，而不同的环境对孩子的影响不同。孩子在学校会受到规章制度的约束，所有的学生接受的是同一套规则的约束，相互之间会形成参照，从而形成集体约束，更容易巩固学校所教授的礼貌行为。而在家庭中，尤其是独生子女家庭，孩子没有可以对比、参照的对象。在这种环境下，孩子自己的状态也会发生变化，秩序感降低，表现出与在学校不一致的行为。

3. 家长缺乏耐心的引导

一些家长在面对孩子的问题时缺乏耐心和有效的引导方法。家长要明确地告诉孩子哪些事能做，哪些事不能做，而不能用“贴标签”、直接责骂等简单粗暴的方式来教育孩子，否则会让孩子产生抗拒心理，不仅无法达到想要的效果，反而还会适得其反。

了解孩子

二年级属于小学低年级，此时的孩子已经完成了从幼儿园向小学的过渡，并逐渐适应了小学的日常学习生活。随着年龄的增长，他们的自我意识和自我评价能力也在不断提高，开始注重他人对自己的评价。孩子不只看重老师、家长的评价，更在乎同伴对自己的看法，喜欢将自己的行为和他人做比较。

一、以自我为中心

二年级的孩子自我认知能力有限，看待事情时缺乏判断能力，习惯从自己的角度看待世界，不能很好地理解他人的观点并进行换位思考。有的孩子爱扯着嗓门大声说话，不能从听者的角度出发考虑，是因为他们在潜意识里并不认为这是不礼貌的行为。还有的孩子认为父母的同事、朋友与自己无关，不认同父母让自己主动打招呼的做法，因此拒绝打招呼。

二、具有很强的模仿能力

二年级的孩子处于模仿学习阶段。他们对如何接物待事还没有清晰的认知，没有形成成熟的处事风格，看到父母的日常行为很快就会模仿。如果看到父母在家里随意摆放鞋子、乱放物品、说话比较大声，孩子就会学着随意摆放东西而不加收拾、大声跟别人讲话，并将这些行为带至其他场所。

三、羞怯心理

低年龄段的孩子容易羞怯，不自信又十分在意自我形象。孩子与父母在公共场合一同面对陌生人时，孩子会不知所措，担心自己做得不好，出现错误，遭到他人的嘲笑。比如父母在外遇到同事，想让孩子跟这名同事打招呼时，一些孩子会因不熟悉而躲在父母身后。

让我们走近孩子，听听他们心里的感受吧！

1. 我希望爸爸妈妈能告诉我该怎么做

爸爸妈妈，每次出门前，你们总说遇到熟人要记得打招呼。有一次，我没有问好，爸爸就当着叔叔的面说："这孩子真没礼貌。"我觉得很难过，我已经在心里跟叔叔问好，并向叔叔点头了。我觉得很苦恼，每次遇到你们的熟人，我都不知所措。我该怎么做？

2. 我希望爸爸妈妈能对我多一些耐心和引导

爸爸妈妈，我知道你们看到我的不礼貌行为时，很想帮我改正，让我成为一个讲礼貌、懂礼仪的好孩子。你们经常说我"不听话""不讲礼貌"，虽然知道你们内心并不是真的这么想的，但是我听了真的很难过。希望你们可以通过做示范、讲故事等方式告诉我怎样才是礼貌的行为。

3. 我希望爸爸妈妈能信任我，给我练习待客的机会

爸爸妈妈，每次家里有客人来，你们总是让我在旁边自己看书，或者玩玩具，告诉我不能打扰你们与客人的谈话。其实我也想跟你们一起招待客人，给客人倒水，请客人吃水果和点心。

4. 我希望父母给我多一些鼓励，允许我用自己的方式来打招呼

我知道见到同学、叔叔阿姨不打招呼是不礼貌的行为。我遇到同学时，不是不想打招呼，而是我们之间有自己的交往方式。比如，我们会直接叫对方的名字，或者彼此悄悄地交换眼神。而面对陌生的叔叔阿姨，我会有些担心和害怕。所以能不能不要每次遇到他们时就直接把我推到前面，让我按照你们的想法跟他们打招呼？可不可以先鼓励我，给我时间，让我做好心理准备？

实施指南

一个人的礼貌程度，就是一面镜子，不仅能照出他内心的样子，也能照出其家庭的样子。在家长看来，讲礼貌不仅仅关乎孩子的形象，更关乎自己的教养方式。孩子没有礼貌，单单是害羞的原因吗？答案很明显是否定的。家长在孩子成长的过程中，要注意积极引导，正面肯定。

◆ 策略一：给予必要的肯定和鼓励

家长要尽量做到不轻易地拒绝孩子礼貌的表达，如果回绝，也要有礼貌地回绝，如孩子给我们分享美食而我们不想吃时，可以和孩子说：“谢谢你的分享，我也很喜欢，但是因为我很爱你，所以想让你多吃一点。”面对孩子的礼让分享，家长应尊重孩子，给予肯定和鼓励。

◆ 策略二：鼓励多元化的表达

家长要鼓励多元化的表达方式。打招呼不一定要说话，也可以是表情、动作。家长可以鼓励孩子："我知道你是一个有礼貌的孩子，有时你是在心里打招呼了，但如果下次你能说出来就更好了。"引导孩子用表情、动作等自己喜欢的方式打招呼。有的老师在迎接学生入校的时候会给孩子多样化的打招呼选择：握手、拥抱、碰拳、击掌、鞠躬、微笑、点头，还可以用中文或英文问候，等等，家长也可以借鉴老师的方法多引导孩子。

◆ 策略三：不要给孩子"贴标签"

有的家长在教育孩子的时候，面对孩子的不合理行为，会习惯性地给孩子"贴标签"，指责他们"自私"或说他们是"小气包"等，这会对孩子的自尊造成打击，让孩子变得自卑，同时会给孩子一种"我就是这样的孩子"的心理暗示，从而使孩子朝"标签"的方向发展。

◆ 策略四：及时表扬讲礼貌的行为

赞美是世界上最美好的话语。家长可以通过及时的表扬让孩子明白讲礼貌的行为是受到大家欢迎的，从而让孩子养成讲礼貌的习惯。此外，家长在表扬的时候，要注意具体化，如向孩子表示："刚刚别的小朋友给你分享吃的，你说了'谢谢'，非常棒！"而不是笼统地说"你刚刚真讲礼貌"。

◆ 策略五：角色扮演

小学二年级孩子的认知是有限的，他们往往局限于从自我角度考虑问题。当孩子遇到无法理解的事情时，我们可以通过角色扮演的方式，家长扮演孩子，孩子扮演家长，家长模仿孩子的行为表现，让孩子从父母的角度出发考虑问题，引导孩子换位思考。

◆ 策略六：以身作则，树立榜样

孩子在家里出现无礼行为，其实多半是受到家庭环境的影响。从某种意义上讲，儿童的大部分行为都是从父母那里习得的，父母的良好行为会为孩子提供良好的示范。因此，身为父母，我们要以身作则，有些行为虽然可能是不经意间的举动，但是孩子却会在看到后很快学会。

规范自身行为。父母不能只是给孩子定规矩、提要求，而要在提要求前，先考虑自己能否做到。父母要坚持做好日常行为礼貌的示范，即便在工作上遇到了不顺心的事，回到家也要注意鞋子的摆放、餐桌礼仪、说话的语气语调等。

做好表率。遇到朋友时，可以向孩子介绍朋友；看到长辈时，自己先打招呼，以此带动孩子，而不是直接让孩子打招呼。

沟通时坚定且温柔。在遇到问题的时候，我们应平心静气，语调平和，而不要张嘴就是指责。在沟通的过程中，先和孩子约定好，不能发脾气，控制好自己的情绪和语调，客观公正地讲述事实；然后允许孩子去表达自己的感受，引导孩子说出自己内心真实的想法；之后我们再表达自己的需求。亲子共同努力达成共识，最后解决问题。

延伸拓展

一、阅读推荐

1.《其实我是一条鱼》(作者：孙玉虎著，布果绘；出版单位：中国大地出版社)

理由及建议：一片叶子做了一个梦，梦见自己变成一条鱼，在大海里游来游去……

这是一个关于奉献的故事，也是一个关于梦想的故事。善良的叶子在追梦的路上，毫不吝啬地帮助每一个它能够帮助的人。在成全别人的同时，善良的叶子从水井来到池塘，从池塘来到河边，从河边来到湖面，又从湖面来到大江，最终抵达大海。

从小培养孩子乐于助人的美好品质（包括善良、理解、关心、分享），对于孩子的健康成长以及良好品格的形成都大有帮助。作为家长，我们能够给孩子的最珍贵的礼物，就是帮助他们成长为仁爱的、快乐的、心胸开阔的、怀有一颗同理心的人。这会让孩子受用终生，并能够用于工作、生活等多个方面。这本书的内容很有哲理，很值得亲子共读。

> >> 2.《这就是中华传统礼仪》（编著：王虹，雷子；出版单位：河北科学技术出版社）

理由及建议：该书从中华传统礼仪入手，让孩子在传统经典故事中感悟中华礼仪的同时掌握传统礼仪常识，内容不仅仅包含常见的学校、家庭、社交礼仪等，还包含了成人礼、婚礼、丧礼、军礼、祭礼等。

二、视频推荐

> >>《快乐成长》（儿童文明礼仪系列动画片）

理由及建议：该动画片共14集，每集仅有一分多钟，通过动画的形式，展示了14个日常生活常见的讲礼貌的情景，简单易懂。

评估改进

一、自我评估

亲爱的家长，您好！您在日常生活中的实际情况与下面列出的表现是否相符？若相符，则选“是”；若不相符，则选“否”。

	是	否
① 您教育孩子使用“请”“谢谢”“对不起”“没关系”“你好”等礼貌用语。	□	□
② 您教育孩子见到熟人要主动打招呼。	□	□
③ 您的孩子出门或回家时，您会要求孩子主动跟家人打招呼。	□	□
④ 您教育孩子给老人、小孩、残疾人等让座。	□	□
⑤ 如果有机会，您愿意带孩子参加公益活动或义务劳动。	□	□
⑥ 您为孩子及其同龄小伙伴开派对。	□	□
⑦ 您经常带孩子外出参加活动或旅行。	□	□
⑧ 您积极参与孩子学校开展的各种亲子活动。	□	□
⑨ 当孩子表现不好的时候，您不会责难孩子。	□	□
⑩ 您不会给孩子“贴标签”，如“你不是一个讲礼貌的好孩子”。	□	□
⑪ 您从未当众批评孩子的不礼貌行为。	□	□
⑫ 在生活中，您从不讲脏话、粗话。	□	□
⑬ 您会及时表扬孩子的礼貌行为。	□	□
⑭ 对于孩子的不礼貌行为，您会马上制止。	□	□
⑮ 您会教育孩子在公交车上不要大声喧哗。	□	□

	是	否
⑯ 您会引导孩子主动招待客人。	□	□
⑰ 您在家中经常使用“请”“麻烦”“谢谢”等礼貌用语。	□	□
⑱ 您要求家庭成员到齐后，才可动筷吃饭。	□	□
⑲ 您与家人达成一致，严格要求孩子礼貌待人。	□	□
⑳ 您不会拒绝孩子分享给自己的食物。	□	□
㉑ 您平时衣着干净整洁。	□	□
㉒ 在与孩子沟通时，您能够认真听完孩子的表述。	□	□
㉓ 您不在背后对他人说三道四。	□	□
㉔ 您用完东西会及时放回原位。	□	□
㉕ 您不会不经孩子允许翻看孩子物品。	□	□

【评估参考】

① 选择1～13个“是”：说明您还没有意识到自己的行为举止会对孩子的行为产生重要的影响，这可能不利于孩子礼貌行为习惯的养成，需进行自我调整。

② 选择14～19个“是”：说明您已经注意到自身的榜样作用，且在生活中注重对孩子礼貌行为的培养，但在个别方面有待加强。

③ 选择20～25个“是”：说明您是一个非常重视引导孩子养成良好行为习惯并重视自己的行为对孩子的影响的家长，您拥有自己的原则且掌握了一定的方法。

二、改进计划

亲爱的家长，您好。阅读本专题后，您应该对如何引导孩子学会与伙伴沟通、互相帮助、礼貌待人有了更深入的了解。下面请您结合实际，写出自己的改进计划，并逐项完成。

第五专题 自信阳光，健康成长

孩子步入二年级，迎来了第二个安全期。和初入一年级时相比，孩子有了明显变化：精力更加旺盛，整个人变得更加活泼、开朗、自信，渴望接受挑战，愿意接受新鲜事物，自信心也更足了。但他们的内心尤为敏感，渴望得到大家的肯定，被他人认可和赞赏，总想要证明自己可以，所以他们表现出抢话、爱出风头、打岔等行为。他们做事还缺乏条理，时刻关注周围的人却又无法正确处理自己的人际关系。

作为家长，面对孩子在这个阶段的家庭教育，我们要有足够的耐心，以平和的心态，了解孩子的内心和需要，给予孩子正确的引导，树立孩子的自信，培育孩子阳光的心态，造就他们自信、包容、坚毅、乐观的良好品质。

阳光心态

——少责备，让孩子在和谐的氛围里成长

案例分析

小红和欣欣住同一个小区，上同一所学校，还在同一个班，两人成了要好的朋友。每一天，她们都一起上学，一起放学回家，一起在小区的石桌上写作业，是一对形影不离的好伙伴。因为她们两家不是住在同一栋楼里，所以尽管两人的关系很好，双方父母接触的机会却并不是很多，彼此也就不太了解。

有一回周末，小红邀请欣欣和欣欣妈妈一起来家里做客。小红为了迎接好朋友，一早就和妈妈一起收拾房间、打扫客厅、擦桌子、准备茶水。欣欣妈妈是第一次去小红家做客，一进门就看到小红家的墙上展示着小红从幼儿园到小学二年级得过的所有奖状，忍不住夸道："哎呀，你们家小红真是个优秀的孩子！你看得了这么多奖状，'阳光少年''书香少年''美德少年'，还是个'艺术小明星'呢！哎哟，还有市'三好学生'的奖状，真了不起！小红成绩真棒啊！比我们家欣欣强多了！"

欣欣妈妈说着，欣欣却瞪了瞪妈妈，用力拉了拉妈妈的手，心里觉得不是滋味。

小红妈妈一听也乐呵呵的，出于礼貌，谦虚地说："这都是过去的事啦，不值一提！其实我家小红什么家务活都不会干，刷碗、扫地啥的一点都不会，都要我做，也就学习还凑合，成绩还忽高忽低的……"小红在旁边听欣欣妈妈夸奖本来还挺高兴的，可是听妈妈这么一说就觉得失了面子，小脸马上沉了下来，说："今天早上我不是做过了吗？怎么说我不会做？"在朋友面前被妈妈这样数落，小红再也忍不住了，流着眼泪跑回了自己房间。这时候小红妈妈脸上挂不住了，欣欣妈妈头一次来自己家，孩子就这么不懂事，马上不满意地说："这孩子，真没礼貌，

哪像欣欣这么懂事啊！”而小红在房间里听到妈妈的话，哭得更伤心了，心想：“妈妈真讨厌，哪壶不开提哪壶，让我丢死人了！欣欣还是我的好朋友，妈妈却在她面前笑话我。今天让欣欣看笑话了，多没面子啊！以后我再也不让欣欣到家里玩了！！”

案例里的欣欣妈妈到别人家里做客，本来夸奖一下别人家的孩子是出于礼貌，但评价时却拉上了自己的孩子做对比，相当于在别人面前贬低了自己的孩子，孩子心里当然不舒服。

小红的妈妈本意也不是要批评孩子，而只想要谦虚一下、客气一下，但这种做法却伤害到了孩子，在别人面前说自己孩子“什么家务活都不会干，刷碗、扫地啥的一点都不会”“也就学习还凑合，成绩还忽高忽低的”，孩子听了心里自然很别扭。当着同年龄的孩子，特别是孩子好朋友的面批评孩子，很容易伤害到孩子的自尊心。

家长这样的行为看似无心，却给孩子带来了心理上的压力。如果家长长期忽视，不改正自己的行为，就容易使孩子出现心理问题。此外，父母的教育不当也会让孩子失去阳光的心态。

1. 数落孩子，孩子陷于负面的情绪之中

很多时候家长用成人的行事逻辑往孩子身上套，没有站在孩子的角度去考虑问题，而正是这种教育方式伤害到了孩子的自尊。只要孩子的言行稍有不符合要求和期待的地方，一些家长就会数落甚至打骂孩子，把问题都归结于孩子的身上，向孩子发泄不满、愤怒的情绪。

其实，数落只会让孩子失去自信，让他们认为自己无能，陷于自我否定的负面情绪当中，加重自卑的心理，失去原本的天真、烂漫、自信和阳光。

2. 总拿别人家的孩子做比较，孩子被贴上负面的标签

我们无论在大街上或广场上，还是在邻居或亲朋好友之间，都能听到这么几句熟悉的话：

“你看别人家的孩子多乖，一点都不淘气，你再看看你……”

“你看那个孩子都不和爸爸妈妈犟嘴，你就总是和我们犟嘴……”

“你看那个孩子学习多认真，而你就知道贪玩，从来不好好写作业……”

“你看别人家的孩子多听父母的话，让做什么就做什么，你再看看你……”

“你看别人家的孩子会干家务，你却什么都不会……”

拿“别人家的孩子”比自己的孩子，家长会越比越生气；家长越生气，孩子就越会产生抵触情绪，造成恶性循环。很多家长以为孩子还小，什么都不懂，其实孩子是需要足够的自尊心的，父母说了刺激他的话，他都听得明明白白。如果家长经常拿自己的孩子与别人家的孩子相比较，孩子就会觉得自己什么都不行，没人赏识他：学习不行，长相不行，交际不行，干家务不行，马虎、粗心，让家人为自己受累……总之就没有“行”的地方。经常拿比孩子“行”的其他孩子去刺激孩子，甚至当众让孩子出丑，给孩子负面的评价、贴上负面的标签，孩子的自尊心、自信心就会受到极大的伤害，慢慢地就会变得做事情没有底气，缺乏勇气，说话也没自信，遇事退缩，总觉得自己不如别的孩子做得好，瞻前顾后。长此以往，孩子会不愿意和周围的人交流，变得懦弱，遇到问题时总依赖父母或其他人帮忙。

了解孩子

在生活中，我们肯定也见过许多使用赏识教育、正面评价培养孩子积极阳光的心态，激励孩子努力上进的例子。但是，仍然有许多家长教育孩子时惯用的方式是嘲笑、挖苦、打击，很少甚至几乎不会给予孩子肯定和赞扬。当孩子出现逆反情绪、不愿意和家长沟通时，家长则简单地把这一切归结于孩子不听话、叛逆，或是亲子代沟，甚至还指责孩子不理解家长的良苦用心，看不到家长的辛苦付出。殊不知，孩子出现的种种状况，很多时候是家长不恰当的教育方式、沟通方式造成的。所以，在家庭教育中，家长因势利导地培养孩子积极阳光的心态很重要，为此，我们需要了解孩子在这个阶段的特点。

一、孩子自尊自信的发展水平比较低

进入二年级，孩子学习和生活的社会性、目的性和系统性不断增强，而且接收到的强制性要求会变得更多。他们面临着更快的生活节奏、更大的学习压力，而这些不是每个孩子都能适应得了的。而在不适应时，孩子必然会产生消极的自我评价，从而导致其自尊受损、自信降低。

二、孩子的能力发展需要时间和空间

二年级的孩子在逻辑思维能力、辨别是非能力、动手操作能力等方面，都处于学习、探索、提升的阶段，总会有看得不明白的时候、做得不够好的地方。如果此时家长在他人面前讲孩子的缺点或惩罚孩子，那孩子将会因此产生自卑心理，甚至可能会自暴自弃。当孩子遭遇挫折时，家长应和孩子一起商讨解决的办法，帮助孩子树立克服困难的信心，耐心地给予孩子发展能力的时间和空间。

三、孩子渴望得到父母的信任和鼓励

由于孩子的个人能力还不足，他们尤为渴望得到父母的信任和鼓励。在日常生活中，他们很愿意表现自己，渴望听到别人的肯定和赞美，尤其渴望听到父母鼓励的话，如“你可以的”“你能行”“你会的”等。若父母常对孩子表示信任和鼓励，随着时间推移，孩子自然会变得阳光，做事更自信，更独立。

让我们走进孩子的心，倾听孩子的心声吧！

1. 为什么我的努力爸爸妈妈总是看不到

爸爸妈妈总对我说："你看，别人家的孩子这次考试又考得比你好！""叫你多练，可你就懂得贪玩，现在考得没别人好，知道错了吧！""你再不努力，会更加落后，以后会有更多人考得比你好！"

爸爸妈妈，我希望得到你们的鼓励、安慰和关爱。我会努力的，但也请爸爸妈妈肯定我的努力。

2. 我要是"别人家的孩子"就好了

妈妈一直向我念叨，别人家的孩子爱学习，成绩好，懂事有礼貌，还多才多艺，很有出息……为什么别人家的孩子在妈妈眼里就是完美的存在？

妈妈说："你都二年级了，还不会帮妈妈洗个碗，就懂得吃！你看看人家小明，每天都抢着去收拾碗筷。"

妈妈说："你这次数学怎么又没有考及格？你看看人家小方，每一次都是满分，老师还让她做了数学课代表！"

妈妈说："怎么看了这么多次你都没有学会，算了算了，我可不像老李那么命好，有那么聪明的孩子！"

难道别人家的孩子永远都是最优秀的，而我就满是缺点吗？我要是"别人家的孩子"就好了。

实施指南

我国教育学家陶行知曾经说过：“教育孩子的全部秘密在于相信和解放孩子，相信孩子，解放孩子，首先要赏识孩子。”如果孩子犯了一点错，父母就给孩子“贴标签”，说孩子“笨”“不用功”“不细心”，甚至小题大做、大动干戈地批评，时间久了，次数多了，孩子就会形成一种意识，认为自己就是父母说的那种不可救药的孩子。相反，如果父母能够经常对孩子做出正面的评价，给孩子以肯定和鼓励，孩子就能保持积极阳光的心态，在成长道路上继续努力。所以，在家庭教育中，家长应当注意以下几点。

◆ 策略一：用正能量培育孩子乐观自信的态度

1. 学会欣赏孩子

法国著名雕塑家罗丹说过：“美是到处都有的，对于我们的眼睛，不是缺少美，而是缺少发现。”对大好自然风光如此，对人亦是如此。

一个孩子，最可爱之处不在于他多么聪明伶俐，而在于他的自信阳光，因此，家长在教育孩子时应该多用欣赏的眼光看待孩子。一个肯定的眼神，一个鼓励的手势，一声积极的赞许，都是一种无形的力量，都能增强孩子的自信心，激发孩子的勇气。孩子在学画画，我们就欣赏他画的画；孩子在写字，我们就欣赏他写的字；孩子在下棋，我们就欣赏他下的棋……要知道，孩子最在乎的就是来自父母的真诚欣赏和肯定，孩子是在父母的欣赏中不断成长的。

2. 学会鼓励孩子

明末清初教育家颜元曾说：“数子十过，不如奖子一长。”意思是说要教育好一个孩子，与其数落孩子的种种过失，不如好好褒奖孩子某一个方面的长处。

在挫折面前，孩子总会有些脆弱，很容易否定自己，甚至认为自己没了指望，希望渺茫，自暴自弃。此时，来自父母积极的态度、表情和语言的鼓励，能给孩子传递希望的力量，会让孩子不再惧怕，甚至越挫越勇，获得满满的自信、继续拼搏的勇气和积极努力的上进精神。家长要适时地夸奖孩子，多多鼓励孩子，培养孩子做某件事的兴趣并增强其参与的积极性，增强孩子的自信心。比如，孩子和小伙伴打乒乓球，孩子赢的时候，要及时夸奖孩子，并提醒他不能骄傲；孩子输的时候，要鼓励孩子继续努力提高球技。心理专家李子勋认为，在任何环境和场合中，孩子始终乐意接受大人们的赞许，特别是父母和老师的夸奖，更能使他们信心倍增。给孩子以鼓励是培养他们自信自立的最有力措施。

3. 做孩子的榜样

父母是孩子最亲近的人，也是最值得信任的人。大多数孩子一开始都会容易害怕、自卑，需要借助外界的力量来增加信心。对于孩子而言，父母就是他们能依靠的力量。然而，当下的父母们面临的压力越来越大，责任也越来越大，需要把大部分的精力投入到工作中，忙完一天的工作，回到家里已经很累了。这样的情况下，如果连父母都不能调整心态，不能做到阳光积极，孩子又怎么能够阳光积极呢？所以父母要先从自己开始，做个阳光积极的人，当好孩子的榜样。

首先，父母自己要自信。孩子在自信的父母的熏陶下，也会成为自信的人。其次，父母要为孩子营造良好的环境，给孩子一个和谐快乐的家庭氛围。平时多和孩子交流，多让家庭洋溢着欢乐。父母如果有矛盾，也不要当着孩子的面吵架。再次，父母对孩子的要求不能过于严格，不要过度指责孩子。孩子都是有自尊心的，一旦自尊受伤，自信也难以树立起来。最后，父母不要总是失信。父母在不经意中许下的每一个承诺，都盛满了孩子的全部期待，而当父母毁掉自己的承诺时，其实是毁掉孩子心中对父母的信任。每一次失信，对父母而言或许是无足轻重的，却会使孩子一点点地失去对他人的信心与信任。

◆ 策略二：用同理心呵护孩子自信阳光的品质

1. 理解、接纳孩子的情绪和感受

同理心并非同情心，不是对某件事物产生同样的情感，而是强调换位思考、产生共情。拥有同理心的父母，能够站在孩子的角度去思考问题，切身体会到孩子的情绪和想法，并且将所体会到的感受转化为实际行动，帮助孩子解决实际问题。孩子出现负面情绪，比如愤怒、害怕、焦虑的时候，父母要接纳和理解，不否认、指责或忽略孩子的负面感受。

比如，有的孩子害怕打针，甚至会紧张得大哭，与其说“这有什么好怕的？勇敢一点”，不如说“我知道，打针有点疼，你有点紧张。不过马上就好了，妈妈相信你是个勇敢的孩子”。再如，孩子从学校回来，闷闷不乐，与其说“别板着个脸，开心一点啊”，不如说“你看起来有点不开心，可以告诉爸爸发生什么事情了吗”。

孩子的感受无论是正面还是负面，都应被父母待以同理心，这样孩子才能逐渐学会认识自己的感受，接纳和理解自己和别人的情绪。

2. 用同理心跟孩子相处和沟通

大多数父母每天都忙于工作，下班回家后，面对孩子的“捣蛋”或者拖拉等行为，特别容易情绪化，有时会粗暴地吼叫、训斥甚至体罚孩子。如孩子没有考好，有些家长就直接批评：“怎么这次又没考好？这么简单的题都做不对！学习上怎么就开不了窍呢！”这样做不仅很难真正理解孩子的内心感受，而且次数多了，孩子会感到厌烦，久而久之就会习惯了被这样定性，还有可能产生抵触情绪。

假如父母们能用同理心理解孩子的情感，进入孩子的情感世界去交流，换一种表述方式，如“这次考得不好，是不是心里很难过？和妈妈说说，我们可以一起想办法”等，往往能带来不同的效果。父母先帮助孩子处理失落、受挫的情绪，同时让孩子感受到有人陪伴，感受到温暖，给孩子以力量去战胜困难，做更多的事情。

树立自信

——少包办，让孩子做力所能及的劳动

案例分析

欣欣是二(3)班的学习委员。在学校里她对同学友好，对老师有礼貌，学习成绩也很好，经常得到老师的表扬。班主任也经常表扬欣欣的爸爸妈妈，说他们认真教育孩子，教子有方。

可是，有一件事让班主任深感惊讶。一天早上，从没迟到过的欣欣到了早读课时间仍没有来到教室。班主任问欣欣的同桌："欣欣怎么没有回来呀？她去哪儿啦？"

"听说她在学校食堂。"欣欣的同桌说。

"她怎么啦？"班主任又关切地问。

"她参加少先队值岗，没能吃早餐。"

"她的碗摔地上了。"

"她哭了。"

班上的孩子七嘴八舌地说。

班主任走到食堂，看见欣欣一个人在食堂里哭。走近一看，她的米粉洒在地上，碗也掉了，衣服还被汤水溅湿了一角，她不知所措地在那哭。

"欣欣，烫着了吗？"班主任关心地问道。

"没有，老师。"

"那你把碗捡起来，拖一下地就行了。"老师想借此增强欣欣的责任意识，让她自己处理自己的事情，并从口袋里拿出一包纸巾给欣欣擦干被溅湿的衣角。

"老师，我……我……我不会。"欣欣更大声地哭道。

班主任惊讶地看了看欣欣，这么优秀的孩子，到了二年级还不会

打扫卫生？带着这个疑问，班主任在下午放学后拨打了欣欣妈妈的电话，进行了一次电话家访。

原来，欣欣在家基本没做过家务活。她的课后安排非常“充实”，周一至周五每天放学后要参加美术、书法兴趣班，周末还要参加钢琴、舞蹈班。每天的起居由奶奶负责，接送上下学由爷爷负责，家务由爸爸妈妈和奶奶包揽。家务问题上，欣欣几乎没有可以插手的份儿。

在很多家长看来，做家务耽误孩子的学习，根本没有给孩子做家务的机会，认为如果让孩子做家务，孩子的学习就不会好，便对家务全包代办。有的家长甚至会这样教训孩子：“如果你现在不好好学习，长大了就没出息，就要去扫马路、去当工人！”在孩子心目中，劳动成了“没本事”的代名词。慢慢地，问题就出现了——当初怕影响孩子学习而不让孩子做家务，却使孩子养成了好逸恶劳、好吃懒做的坏习惯。

为何孩子在家里不能得到应有的劳动锻炼机会？主要的原因如下。

1. 家长对劳动的认知错误

很多时候，家长总是对孩子说：“你再不认真写作业，我就让你洗碗！”“你不学习就过来和我一起拖地！”久而久之，在孩子的认知中，劳动就意味着被惩罚，只要学习就行了。

马克思说过：“任何一个民族，如果停止劳动，不用说一年，就是几个星期，也要灭亡。”劳动作为人类生存于世界的方式，是每个人必备的基本能力。家庭是人生的第一课堂，劳动教育必须从娃娃抓起。从小培养孩子的劳动观念、养成孩子的劳动习惯，对孩子的健康成长具有重要的意义。任何教育都始于劳动，劳动是教育之母。实践证明，从小做家务、热爱劳动的孩子能吃苦、有才干，对生活充满信心，人际交往能力强于不爱劳动的孩子。在孩子成长的道路上，家长需要通过劳动培养孩子的感恩之心和责任感，通过劳动促进孩子身体健康，增强体质，形成健全的人格。二年级就是劳动教育的一个关键节点。

家长必须明白，对孩子进行劳动教育是越早越好的。要让孩子在劳动中得到快乐，在劳动中收获自信，在劳动中感悟成长。对于二年级的孩子，父母应该放手让孩子做力所能及的事情，不要过于约束孩子的成长，不要代替孩子做决定，也不要否定孩子的一些做法，而要主动引导孩子做不一样的尝试。对劳动的热情和积极性不仅能培养孩子的责任心，让孩子受益终身，还能让孩子从小练就立足社会的真正本领。

2. 过于宠爱，包办代办

当今社会，许多家庭都存在一个共同问题：孩子锻炼生活技能的机会很少。这一方面是因为课业负担重，另一方面则是部分家长只要求孩子好好读书而不让孩子涉足家务劳动，尤以独生子女家庭为甚。培养孩子的劳动习惯，已经成为家庭教育中一个亟须重视的课题。指导孩子完成一些力所能及的家务劳动可以培养孩子的劳动习惯，这是孩子逐步养成独立生活能力的一条重要的途径。家长要让孩子在劳动中收获成就感，建立起生活的幸福感，树立自信心。有些家务活，尽量让孩子独立完成，要舍得放手，让孩子在“实战”中探索方法，不要“包办代办”。一个爱劳动、会劳动的孩子，其生活态度往往是积极的、乐观的。

了解孩子

大多数二年级的孩子很愿意和父母分享他们的想法，也很想和父母一起聊学校的事情；看到父母在劳动，他们会想和父母一起劳动，非常在意和父母的亲密时光。孩子希望能按照父母的心意满足父母，总想取悦父母，同时也渴望得到父母的赞美和鼓励。

一、想要自由地做自己的事情

孩子总想获得自己的事情自己做的自由，比如整理书包、洗自己的衣服、叠被子、整理自己的房间……看到父母做这些事情时，孩子总是想象着自己也能像父母一样，能独立做好这些事，而不喜欢全部由父母来包办，不想总是依赖父母。父母应该充分相信孩子，把孩子的事情和问题都交还给孩子，让孩子自行解决。比如，孩子在选择春游穿的鞋时，父母可以问孩子："春游走路多，你看穿哪双鞋合适？"让孩子自己想一想，自己做出决定，培养孩子独立分析问题和解决问题的能力。又如，父母可以让孩子自己动手收拾书包，既培养孩子自己动手的能力，又引导孩子自己检查是否收拾得整洁、齐备。如果孩子总是忘掉一两样用具，多次提醒仍不见效，父母不妨放手，让孩子尝一尝粗心大意的"苦果"，孩子就会从此记住教训，这比父母不断督促、唠叨有效得多。

除了把孩子力所能及的事情交还给孩子自己做，父母还可以有意识地把一些家庭问题交给孩子，让孩子一同讨论解决，这对帮助孩子巩固自信和自尊很重要。在学校里，老师经常教育孩子要孝顺父母，从小事做起，并用心关爱父母。事实上，孩子是很希望参与家务劳动的。可是，很多时候孩子都没机会做家务，不是孩子不做，而是父母不让做，比如孩子想洗碗，父母害怕他把碗打碎；孩子想洗衣服，父母担心他洗得不干净……

二、既需要家长放手，也需要家长引导和鼓励

孩子好动、好表现，总是不顾一切要证明自己的能力。有的家长总认为孩子"还小""做不了"，舍不得或不愿让孩子去劳动。事实上，孩子的潜力往往被家长低估了。孩子有着无限的潜能，他们很小就有了独立的要求和自理的愿望。家长应该相信孩子，因势利导，创设条件，放手锻炼，让孩子在实践中学习和体验。

孩子不需要家长越俎代庖地包办制订学业计划，也不需要家长代替决定兴趣爱好。家长应该提供丰富的机会，让孩子在不断尝试的过程中，激发自己的潜能和创造力。同时，要允许孩子在实践中出错，因为孩子犯错误多半是由于做得太少、不熟练，他们应当得到指导和帮助。我们不能要求孩子一学就学得特别好，一干就干得特别棒。任何技能、技巧的掌握都有一个由不会到会、由不熟到熟的过程。家长可以鼓励孩子用恒心和毅力去锻炼自己，让孩子更好地成长，在风雨的磨炼中长成参天大树。

让我们走进孩子的心，听听孩子的心声吧！

1. 妈妈，我也想试一试

每当妈妈在做饭时，我总喜欢在一旁观察，洗米、擦干锅底、放水、插电，我早就记下了。老师说了，回家要帮忙做一些家务，可妈妈您总是担心我插电源时会被电到、没把锅底的水擦干、没将米洗干净……我什么时候才能试试啊？

2. 我什么也没学会，怎么办

老师说了，要在学校开展劳动技能展示比赛，可我什么都没学会，怎么办？我能展示什么？爸爸，您教教我好吗？

每个孩子都有自己的思维方式，对每一件事都有自己的想法，他们需要亲自去体验动手的过程。他们失败后的思考、成功后的喜悦，也是一种成长的历练。

实施指南

培养孩子的自信、自强要从劳动教育开始。《朱子家训》里讲“黎明即起，洒扫庭除”，这就是培养孩子自己动手的习惯，树立孩子“我能做”“我会做”的自信心的一种方式。

成功地完成任务能树立孩子的自信心。会做的劳动越多，孩子的自信心也会越强。所以，家长可以放手让孩子尝试着去干点活儿，不要因为“爱”而对孩子最初的劳动欲望加以阻挠，否则以后受阻的将会是孩子自信心的树立。

◆ 策略一：孩子参与实践，要给予引导

在寒假、暑假或者其他节假日里，为了让孩子多参加家务劳动，家长可以适当地给孩子规定一定的劳动时间，比如说每天劳动半小时或者一小时。对于孩子在规定的劳动时间以外的劳动，家长还可以适当给予奖励。家长也可以把孩子带到自己的单位或者其他劳动场所，通过多种方式让孩子观察、了解真实的工作场景，教会孩子通过自己的劳动创造财富的道理。孩子在认识到劳动的重要性后，今后就会更主动地参加家务劳动和其他方面的劳动实践。

在乡村里，很多父母外出打工，留守家里的孩子多由爷爷奶奶抚养，爷爷奶奶管不了学习，家务活也不用孩子干。而城里的很多孩子也被过度保护，家务活也不会干。作为家长，我们要培养孩子爱劳动的习惯，可以有意找点家务活让孩子学着干，不要怕孩子干不好。除了洗衣服、扫地、刷碗等家务，社会上的公益劳动也可以让孩子参加。在劳动中，孩子的自理能力和动手能力得到了提升，孩子既体验到了“学会”的乐趣，体验到从“我不会”到“我能行”的转变，感受到自身的能力，也获得了自信。

家长可以从实际出发，安排孩子做一些简单劳动，激发孩子参与劳动的热情，增强孩子的自信心。可以参考如下家务清单：整理要洗和要穿的衣服，上学前整理书包和穿戴，打扫房间，收拾并洗好碗筷，把衣服放进衣柜里，帮助择菜去皮，学会用微波炉，学会用吸尘器，等等。

◆ 策略二：孩子参加劳动，要给予赞赏

孩子做家务，要从小事做起。洗手帕、袜子，扫扫地，抹抹桌子，即使只是几分钟的劳动，父母也应表扬孩子；然后再引导孩子逐渐学会择菜、洗菜、做饭、洗衣服。这样循序渐进孩子不会感到为难，可以获

得越来越多的成就感。

孩子刚开始做家务时，肯定不会做得太好。当孩子衣服洗得不干净、用水很多、弄湿身上的衣服时，父母切记不要批评孩子，而要以鼓励的目光或言语给孩子以信心和动力，肯定孩子的劳动价值，告诉孩子：做得很好，熟能生巧，下次会做得更好。这样，孩子看到自己的劳动成果，再加上父母的鼓励，就会产生继续做家务的动力，慢慢地就会喜欢做家务。反之，如果父母对孩子的劳动加以指责，施以挑剔的目光和言语，让孩子觉得自己做得很糟糕，孩子心里就会有压力，以后就不喜欢做家务了。

苏联教育家苏霍姆林斯基曾说过："只有教师关心学生的人的尊严感，才能使学生通过学习而受到教育。教育的核心，就其本质来说，就在于让儿童始终体验到自己的尊严感。"这条建议对家庭教育同样适用。家长应该多给予孩子积极的引导和鼓励，尊重孩子的劳动成果。自己的劳动获得了外界的尊重与认可，无论是来自老师父母，还是来自同学伙伴，孩子的心里都会开满鲜花，充满信心。长期如此，这种自信将让孩子对未来充满憧憬与希望，并积极地为之奋斗。

◆ 策略三：家长"示弱"，给孩子创造"强势"参与的机会

许多父母总是很难放下成人的高姿态，喜欢用强硬的态度对待孩子，总是习惯把孩子当作弱者来教育，觉得孩子很多事情都不会做、做不好，许多事情都不懂，把孩子保护得密不透风，帮孩子打点好一切，替孩子做各种各样的决定，导致孩子认为自己什么也不需要做。

其实，在教育孩子时，父母给孩子树立坚强、勤劳的榜样固然必不可少，但有些时候，适当的"示弱"更加会推动孩子的成长和进步，会让孩子更自信、更坚韧、更独立、更有责任感。有一句话是这样说的："男孩子的妈妈一定要懂得示弱，这样你的儿子才有机会成长为一个真正的男子汉。"

父母感到疲惫时，可以如实地跟孩子说自己的感受："今天我们特别特别累，有一些家务需要你和爸爸妈妈一起完成，可以吗？"

和孩子一起买东西的时候，父母可以撒撒娇："哎呀，爸爸妈妈提

不动啦，可以帮我们提一点吗？”

下班后回到家，家长可以说：“爸爸妈妈上了一天班，肩膀有点酸，可以帮我们捶捶吗？”

孩子听了父母的“示弱”，可能也不沉迷玩耍了，反而会抢着做家务，跟家长一起参与到劳动过程中来，会变得非常积极主动。

家长不妨在每天或每周抽出一定的时间，卸下自己的“强大”，把表现的机会让给孩子，享受来自孩子的爱。

保护自己
——立边界，让孩子在良好的人际关系中成长

案例分析

小灿生活在一个比较特殊的家庭。爸爸在小灿三岁时因殴打他人而成为一个有“进去”经历的人员，平时对小灿的管教方式较为简单，有时也很粗暴。妈妈平日里也疲于生计，没有好好教育小灿。小灿跟爷爷在一起的时间比和父母共处的时间更多，而爷爷对小灿宠爱有加，就像当年对小灿的爸爸一样，只要孩子想要的都满足，孩子做什么都是对的，或者都是可以原谅的。

一天，妈妈刚下班回到家，手机还不断地接收工作上的信息，要马上完成并上报相关的数据，小灿这边就闹着要手机玩游戏。

“你没看见我正在忙吗？”妈妈不耐烦地说。

“我不管，我就要，我要玩游戏！”小灿伸手就想抢。

“你都二年级了还一点儿事都不懂吗？你再伸手试试看！”妈妈狠狠地说。

“快点给我，我就要嘛！”小灿大声地哭了起来。

“过来，过来，小灿到爷爷这边来，爷爷给你。”爷爷把小灿抱起来，

把手机递给了他。

小灿在学校也存在类似的行为，让老师很是头疼。一个下午，班级里传来争吵的声音，班主任马上过来了解情况。

“老师，小灿抢我的笔。”班里的同学晓静委屈地说，“我正在写字，他一过来问也没问就抢去了。”

“我不管，我就要！”小灿不服气地说。

“这是我的！”晓静哭着说。

“还给你。”小灿把笔一扔，说道，“有什么了不起？我让我爷爷给我买。”

班主任因为小灿在学校的事，没少家访，和家长沟通交流，为改变小灿想方设法，创造机会。“真希望家长改变一下教育方式。”班主任无奈地说。

小灿的为所欲为，其实是没有规则意识和缺乏边界感的表现。家长没有教育孩子什么是底线，没有帮助孩子树立最起码的边界感，导致孩子在日常交往中既侵犯了别人，也伤害了自己。

人际交往中的“边界感”，通俗来说就是对自我界限的感知，指的是一个人在人际关系中，能够清楚地知道自己和他人的责权范围，既保护自己的个人空间不受侵犯，也不侵犯他人的个人空间。对于孩子来说，“有边界感”就是知道什么是自己应该做的、什么是自己不应该做的，自己享有哪些权利、自己的哪些行为会侵犯别人的边界。这些认知十分重要。那么是什么造成了孩子没有边界意识呢？

> >> 1. 忽视孩子边界意识的建立

随着社会经济的发展，很多家庭的物质条件越来越好，家长也越来越关注孩子的教育问题。有的家长认为自己付出了无私的爱，从早到晚照顾孩子的衣食住行、点点滴滴，但孩子却没有想象中那样听话，反而是一点儿都不懂事，比如在公共场合哭闹或大声喧哗，在商场哭着、闹着要买玩具，在学校打人，等等。这些现象是孩子的边界意识出现了问题的表现，是我们家长没有帮助孩子建立边界意识的后果。

其实，培养孩子的边界感并不代表完全约束孩子，相反，培养边界意识是为了让孩子可以有更成熟的自我，让孩子变得更自信，变成一个更完美的人。

家长不可能永远把孩子保护在自己的羽翼之下。在离开家长温暖的怀抱后，孩子必须学会在外面的世界里保护自己。“授之以鱼，不如授之以渔”，教会孩子建立边界，是为了孩子不被别人侵犯；教育孩子遵循边界，是为了帮助孩子发展更加良好的人际关系。我们要让孩子学会守护自我边界，尊重他人边界。

2. 无条件满足孩子的需求

很多父母把孩子当成家里的“小公主”“小皇帝”，无条件地满足孩子的需求，没有以身作则恪守边界，总向孩子妥协，这就会失去和孩子应有的边界。被溺爱的孩子容易养成叛逆的心理，挑战父母的权威，变得过分自私自利，这样很不利于父母的管教，对其自身的成长也是极为不利的。比如在商场里，孩子非要买某个玩具，但是家长不给买，孩子就会大哭大闹。因为家里相似的玩具已经非常多了，家长就和孩子商量下次买一个不一样的玩具。有的孩子可以接受父母的意见选择不买，但是有的孩子就会大哭大闹，非买不可。后者就是没有边界意识的孩子。如果这个时候父母心软，给孩子买了玩具，那下次孩子还会以同样的方式来要挟父母。若缺少关于边界意识的教育，孩子既不会约束自己的行为，也不会在意别人的感受，做出侵害他人权益的举动，如抢别人的东西。如果不及时改正，长此以往，孩子会吃很多苦头。

了解孩子

对于二年级的孩子来说，虽然学校老师会通过多种多样的教育方式，教给孩子一些礼仪规则、个人准则、安全准则等，但边界意识对孩子而言还是一个模糊的概念。大多数孩子在这方面没有太多的经验，在人际交往中不知道如何做、为什么要这样做，加上一些家长没有在家庭教育中引导孩子正确地树立交往的边界意识，导致一些孩子遇事或不知所措、委曲求全，或自私自利、没规没矩，不关心他人、不尊重他人。孩子在成长过程中有很多迷茫和担忧，让我们来了解这个阶段孩子的特点吧！

一、害怕被讨厌，担心失去朋友

有的孩子一味地讨好他人，却不顾自身的利益，总是站在他人的角度去思考问题。在和他人相处时，会一直思考对方是否喜欢自己。如果对方的情绪发生变化，就会担心这是不是因为自己的某个举动不妥当或某句话说得不对。

有的孩子害怕被人讨厌，凡事都想做到尽善尽美。然而现实往往是，即使孩子做得再完美，别人可能还是不能对他们满意。

有的孩子担心拒绝别人的请求之后会失去朋友，也担心自己的拒绝话语会让对方受到伤害，影响到双方的关系，于是即使委屈自己，也要求自己不做出伤害他人的行为。

二、害怕违背父母严厉的教育

有的父母过度强调孩子“听话”，平时特别严厉，只要孩子犯了一点错误，就会严加教育，所以孩子表现得特别“乖”，从来不会反驳父母，父母说什么就是什么。有的父母还经常用亲情的名义去“绑架”孩子，以“为了孩子好”为理由剥夺孩子的权利，认为自己这样做是为了孩子以后着想，却忽略了自己这样做反而会让孩子渐渐失去自我意识，给孩子造成很大的伤害。这样培养出来的孩子，外表看上去特别地乖，但是性格却发生了很大的变化，不敢惹父母生气；在和别人交往的过程中，也会变得小心翼翼，生怕自己惹对方不高兴。长此以往，孩子不仅会变得没有主见，而且还会非常自卑，容易吃亏。

三、有样学样

有些家长要求孩子唯命是从，剥夺孩子应有的自主权利，家里没有平等的亲子关系，常常以强制、打骂的形式来对孩子进行教导；有些家长由于自身修养不高，总在邻里间制造麻烦，且常常胡搅蛮缠，邻居都尽量避之。成长于这些家庭的孩子会模仿父母的行为，在其他场合随意欺侮、威胁他人，并强迫他人按自己的意愿行事，以此显示自己的强大或者引起人们的关注，或是采用蛮横霸道的方式来发泄内心的不满，寻求心理上的平衡。

让我们走进孩子的心，听一听孩子的心声吧！

1. 这不公平

妈妈，我知道您很爱弟弟，我也很爱弟弟，但有时，明明是我的玩具，而且我还在玩，您却说："你要让着弟弟，因为你比弟弟大。"您考虑过我的感受吗？这不公平。当我不用玩具的时候，我会给弟弟玩的，或者我可以给弟弟另一个玩具。

2. 让我自己写作业吧

爸爸妈妈，我真的不想回家写作业，因为你们总是一边辅导作业一边骂我。特别是爸爸，咆哮起来，恨不得把我给打了！你总是跟妈妈说："一个字写了擦、擦了写，十分钟都写不好一个字，不揍他一顿不解气！"

我会努力学习，也会完成作业，你们就让我在房间里自己好好写吧！

实施指南

父母应当教育孩子树立边界意识。父母要教育孩子，干什么事情都要留有商量的余地，要有边界意识，这样孩子会更有责任感，知道要尊重自己，也知道应该尊重别人。孩子更有担当了，知道什么能做、什么不能做，就不会出现做事越界的情况，同时也会交到更多的朋友。当孩子学会了独立思考，学会了尊重别人，他的人缘就不会差，就会得到更多小朋友的喜欢，和他们成为好朋友，孩子还会因此感受到自我的价值。当孩子有了清楚的边界感后，会懂得更好地保护自己，知道有些东西需要用心守护，自己努力得到的成果决不允许被破坏，这能进一步增强孩子的自我认同感。培养孩子的边界意识，目的是让他变得更成熟、更有信心。

如何帮助孩子建立起应有的边界意识？如何教会孩子规则并培养其遵守规则的意识？

◆ 策略一：允许孩子说“不”，并教孩子学会拒绝

>> 1. 要允许孩子说“不”

很多家长教育孩子时，总是独断专行，常常忽视或否定孩子的感受和诉求，只按照自己的意愿来安排孩子的行动。孩子想吃苹果，不想吃草莓，家长非说草莓好，强行让孩子吃草莓；孩子想在家做自己的事情，家长非要把孩子拉去亲友处做客……

有些家长把教出一个听话、懂事的孩子作为教育目的，平时比较严厉，不允许孩子表现出反抗、不乖的一面。当孩子表达不同意见时，家长只会压制、否定，孩子表达自己想法的意愿因此被扼杀。长此以往，孩子习惯委屈自己，把他人的需求放在第一位。

在生活中，孩子作为一个独立的人，有自己的情绪和想法是很正常的事情。家长要给孩子说“不”的权利，让他表达自己的意愿。家长要尊重孩子的感受和想法，愿意倾听和理解，不要觉得孩子是无理

取闹、调皮捣蛋，耐心地听孩子说完，多站在孩子的角度思考问题，了解孩子情绪、想法背后的原因，满足孩子合理的需求，尽量让孩子按照他自己的想法去做，并让孩子学会承担相应的责任。孩子会在这个过程中学会尊重自己，从而懂得尊重别人，自我价值感得到提升，成长的动力会更强。懂得说“不”的孩子，是尊重自己的，他们重视自己内心真实的感受和想法，自我完善的动力更强。这样的孩子是有主见的，敢于提出和别人不一样的意见，而不是人云亦云。

在与人交往的过程中，敢于说“不”的孩子，有明确的边界感，通常也能接受别人对自己的拒绝，不会“玻璃心”，不会对别人的情绪过于敏感，能够建立更加健康的人际关系。

2. 教孩子学会拒绝

我们教孩子礼仪时，总讲究恭敬谦让，教导孩子要乐于助人，告诉他们分享是一种美德。有时大人碍于面子，总强迫孩子做他们不情愿做的事情。殊不知，这样总是让孩子把他人的需求摆在第一位而轻视自己的需求的教育，会降低孩子的自我价值感，长此以往，孩子就会产生过分在意别人的心理，甚至不惜牺牲自己的需求来满足别人的要求，这样的结果往往是伤害自己。这类孩子会觉得：“我必须做得很好，别人才会对我好。”“我必须成为别人所期望的人，他们才会爱我。”把自己的快乐建立在他人的评价之上。这样的孩子容易受骗、上当、吃亏，最后还会觉得是因为自己不够好才造成这样的结局。

因此，我们教育孩子“让”的同时，也要教会他们“不让”，让孩子知道如何拒绝别人。这是培养一个心理健康、人格健全、自信阳光的孩子不能缺少的重要一环。

拒绝别人是一件很难为情的事，人们往往害怕因此得罪他人或让别人不喜欢自己。家长可以教孩子比较委婉地说“不”，让拒绝更易于被对方接受。比如使用“我很愿意帮助你，但我自己的事情还没完成”“我很想让你玩，但我还没玩够”“我很想借给你，但我现在也没那么多”等话语。

说出真实感受也是表达拒绝的方式，比如“看起来还不错，可是我不喜欢这种口味，谢谢你”等。

家长在教孩子学会拒绝别人的同时，也要提高孩子的受挫能力，让孩子能够坦然面对别人对自己的拒绝。

◆ 策略二：教孩子与人谦和交往

每个人无时无刻不在跟他人打交道，孩子也一样，他们也会离开家庭、离开父母与其他人打交道。很多家长总担心自己孩子的人际交往能力差，在与人交往时会吃亏或伤害别人。其实，孩子的人际交往能力和技巧，与家长的教育方式是有很大关系的，家长要教会孩子一些基本的交往原则，让孩子能与人谦和交往、和谐相处。

> >> 1. 教导孩子学会倾听

有一句话是这样说的："上天给我们两只耳朵、一张嘴，就是要我们少讲多听。"家长要让孩子知道，在人与人的交往中，学会倾听，不但能给予他人自信，还能使自己取得信赖、赢得友谊，更是了解他人的好方式。在他人的话语里，有鲜花也有荆棘，有沙砾也有珍珠，有林林总总的一切。

培养孩子善于倾听的能力和善于倾听的习惯，会对孩子的人生产生不可估量的影响，会对孩子素养的全面提高起到巨大的推动作用，因为学会了倾听，也就学会了尊重别人、真诚处世，学会了关心他人、积极合作。

> >> 2. 教导孩子学会赞美

赞美是语言的钻石，它有着巨大的威力，能使人乐观面对生活。即使是简单的几句赞叹，也会让听者感到心理上的满足，具有让人自强、自信、自我肯定的强大力量。

赞美还是人际关系的润滑剂，能使人受到鼓舞，不断进取，积极向上。向别人传递一个真诚的赞美，能给对方的心灵带去光明。

人类有被赞美、钦佩、尊重的需求。在人际交往中，得体的赞美能使别人获得自尊心和荣誉感，从而有效地削弱抵触与对立的情绪，拉近双方的距离。

因此，如果想让孩子能很好地与人沟通，就要培养孩子赞美别人的能力，教会孩子一些技巧。家长要从自身做起，多肯定孩子的优点，经常赞美孩子，孩子会因此变得自信，也自然知道如何赞美别人。家长还要帮助孩子欣赏和发现他人的优点，引导孩子寻找别人值得称赞的地方。比如经常和孩子一起探讨书中的主人公或动画片里的主角有哪些优点，并慢慢延伸到周围的人，让孩子谈谈自己的同学、朋友、老师有哪些优点，让孩子传递真诚的赞美之意。这既能给别人的生活带来阳光与欢乐，也会让孩子有一个良好的人际关系。

◆ 策略三：帮助孩子建立安全交往的边界

家长鼓励孩子多与他人交流，帮助孩子树立进行正常人际交往的信心的同时，还要跟孩子明确好的陌生人和坏的陌生人之间的区别，让孩子明白不是所有陌生人都是坏的、危险的、会伤害自己的，让孩子清楚有的陌生人是可以信赖和寻求帮助的，比如警察，消防队员，医护人员，商场里穿着制服的营业员、安保人员，以及其他小朋友的父母，等等。可能很多家长都吓唬过孩子："你再调皮，就让警察叔叔把你抓走。"久而久之，警察在孩子的心目中或许就和"可怕的人"联系在一起了，这样一来当孩子真的遇到了危险，自然不会向警察求助，最后可能造成不可挽回的后果。

孩子总是好奇心旺盛，随时都想要探索这个世界，尝试很多新鲜的事物。家长要跟孩子明确边界，哪里不能去，什么事情不能做，要让孩子明白，被值得信赖的大人监督能够最大限度地保证他们的安全。无论是在家里还是学校，或是其他公共场合，家长都应该告诉孩子什么地方是安全的。家长还要教育孩子在遇到困难的时候如何向可信赖的大人求助，要让孩子牢记自己的名字、父母的名字、家庭地址、父母的手机号码，学会在紧急的时候拨打报警电话；要教育孩子不能相信可疑成年人的求助，拒绝陌生人的礼物和示好；要鼓励孩子相信自己的直觉，告诉孩子如果遇到不舒服的事情和人，不用搞清楚为什么，直接离开是最好的解决办法。

延伸拓展

一、阅读推荐

>>> 1.《别以为你懂孩子的心》(作者：周令瑜；出版单位：中国友谊出版公司)

理由及建议：本书共分为8章，70多节，记录了超过240个家庭的亲子教育案例。作者既从教育者的角度阐述了科学的教育观，又从妈妈的视角讲解该如何处理孩子在成长道路上面临的种种问题，为父母培养孩子提供了一个全新而又典型的标本式的案例集合。本书有着极强的实用性，是帮助父母开启了解孩子心灵的大门的书。

>>> 2.《新教育之梦：我的教育理想》(作者：朱永新；出版单位：人民教育出版社)

理由及建议：本书是作者对教育宏观问题的思考和对教育理想宏伟蓝图的诠释。全书共分十章，分别为理想的德育、理想的智育、理想的体育、理想的美育、理想的劳动技术教育、理想的学校、理想的教师、理想的校长、理想的学生和理想的父母。

>>> 3.《爱和自由》(作者：孙瑞雪；出版单位：中国妇女出版社)

理由及建议：本书曾使千万个父母彻底改变，使他们“心灵受到震撼，感动而愧疚”，并从中学会真正的爱，真正的教育。

>>> 4.《告诉孩子，你真棒》(作者：卢勤；出版单位：广东经济出版社)

理由及建议：本书提出的许多重要观点，以及大量成功的经验和失败的教训，对于当代的家长是极其有益的。人的成长是有规律的，关于人的成长的学问是一门科学。教育也是有规律的，既要符合科学，又要讲究教育的艺术。教育应当从什么时候开始？不同年龄的教育有什么不同？教育是不是就是读书识字？教育是不是就是讲道理、提要求、训斥孩子？家庭的氛围、大人之间谈话的内容、处事的方式是不是教育？什么样的期望才是符合实际的？实现这些期望需要设置什么条件、经过哪些历程？对于这些问题，家长在这本书中都可以收获对自己有用的启迪。

> >> 5.《好妈妈胜过好老师：一个教育专家16年的教子手记》(作者：尹建莉；出版单位：作家出版社)

理由及建议：本书提出了一些令人耳目一新的家庭教育原则，能帮助读者在教育孩子的时候有章可循，并提供了许多简单而又实用的操作办法，实现了理论和实践的完美结合。本书能使父母获得许多有效的经验，改善读者的教育意识。它是实事求是谈家教的典范，是家长实用的工具书。它告诉家长怎么教孩子做人，教家长怎么培养自觉、自强、自立的孩子。

二、亲子活动推荐

> >> 1. 电影之夜

理由及建议：每月空出一晚的时间，全家人一起挑选一部有意义的，而且家人都喜欢的故事片或纪录片，挤在沙发上，边观看边讨论。这可以让我们更加了解彼此的思想，拉近与孩子之间的距离。

> >> 2. 主题晚餐

理由及建议：每月选择一天，家庭成员共同做一顿大餐，从买菜到做饭，每个人都要参与。每个月的主题晚餐策划人都应该不同。如果某个月刚好有家庭成员的生日，那么其他人也可以悄悄准备，给过生日的家庭成员一个惊喜。仪式简单还是复杂并不重要，重要的是让晚餐成为家人共度的难忘而有意义的时间。

评估改进

一、自我评估

亲爱的家长，您好！您在日常生活中的实际情况与下面列出的表现是否相符？若相符，则选“是”；若不相符，则选“否”。

	是	否
① 您经常和孩子一起唱歌或看动画片。	□	□
② 您和孩子都有关于看电视的时间规定，并能按照规定做。	□	□
③ 您积极参加班级课业观摩及家长会等活动，了解孩子在学校的情况。	□	□
④ 您在孩子说话时能耐心、专心地听。	□	□
⑤ 当和孩子的意见有出入时，您能耐心地与孩子交换意见。	□	□
⑥ 您能接受并满足孩子提出的合理要求。	□	□
⑦ 您对孩子的训话不会前后矛盾。	□	□
⑧ 您不勉强孩子吃他不喜欢的食物。	□	□
⑨ 您不干涉孩子与其他孩子玩游戏。	□	□
⑩ 您能很好地处理大部分的家务。	□	□
⑪ 您经常保持愉快的心情。	□	□
⑫ 您能依据孩子的学习能力及健康状况督导孩子读书和运动。	□	□
⑬ 当孩子的成绩不理想时，您会问原因而不是一味责骂。	□	□

	是	否
⑭ 您从不拿自己的孩子和别人的孩子做比较，并且从不责骂自己的孩子不如人。	□	□
⑮ 您在孩子面前从不说抱怨的话、粗话。	□	□
⑯ 孩子看漫画时，您从不责骂。	□	□
⑰ 您经常和孩子聊学校里发生的有趣的事。	□	□
⑱ 有关孩子的事，您会和老师交换意见。	□	□
⑲ 您经常从孩子的举止中获得启示。	□	□
⑳ 您教育孩子时，会考虑孩子的感受。	□	□
㉑ 当孩子自己做事时，您不干涉也不责骂，即使这件事需要花很长的时间，也让孩子独立完成。	□	□
㉒ 您发现孩子的优点时会及时赞美。	□	□

【评估参考】

① 选择1～4个“是”：您与孩子在精神和感情上有隔阂。无论您的教育标准和目标是什么，都应该先努力去了解孩子的心理，努力改进教育方式，帮助孩子树立强大的自信心。

② 选择5～13个“是”：虽然您不是很了解孩子的心理，但如果努力尝试新的教育方法，树立良好的榜样，就能逐渐实现与孩子的情感交流，增强孩子的自信心。

③ 选择14～22个“是”：您是一位能接受现代教育方法的好家长，若能进一步学习先进的教育理念和方法，会对孩子的教育和亲子关系的良好发展有更大的益处，家庭生活氛围将更加和谐，孩子将更加阳光自信。

二、改进计划

亲爱的家长，您好。阅读本专题后，您应该对如何给予孩子鼓励和肯定，如何帮助孩子树立自信、学会自我保护有了更深入的了解。下面请您结合实际，写出自己的改进计划，并逐项完成。

第六专题 积极主动，家校共育

经过了一年级的适应期，二年级的孩子进入了更深层次的学习阶段。他们开始学习从客观的角度去认识问题，不再以自己的主观感受作为唯一的评判标准；他们虽然还是以关注自我生活为主，但是开始通过劳动和观察，不断扩大活动的范围，有了合作的意识，并且在这些活动当中增强社会性交往的能力。这一阶段的孩子，独立感虽然增强了，但和其自身的实际能力仍有差距，出现了想做好但又难做好的矛盾现象，既希望独立完成，又希望有人能帮助自己。他们喜欢和父母分享学校生活，渴望得到父母的认同，但由于辨别能力比较弱，在学校里遇到一些不顺心的事或者遇到这样那样的难题，找不到答案、分不清是非时，往往容易茫然无措。

在孩子对社会充满好奇并希望进行探索的阶段，亲子、师生、同学、朋友等关系对孩子人生观的塑造具有直接的影响，孩子会通过自身体验、观察去发现社会关系的模式，并进行模仿。因此，他们在这个阶段需要父母的引导、示范和评价，需要父母为他们提供更广阔的平台，需要父母与学校建立信任、主动分担责任。家校交流，及时反馈，有助于营造家校共育的和谐氛围，塑造孩子积极、向上的品格。

积极配合

——和老师合作，为班级服务

案例分析

开学第一天，小月一回家就跑到阳台上翻出一个花盆，神神秘秘地种了一粒种子。从那以后，每天回到家，小月连放书包都顾不上，一进门就去阳台看看她的宝贝，给它浇浇水、松松土。种子发芽后，小月却发愁了，接下来怎么办？她只能求助妈妈。妈妈向老师了解情况后，知道是老师给每个同学发了一粒花种，让孩子们种下，等花开了，带去学校，装扮教室。为了帮助小月实现让教室变花园的愿望，没种过花的妈妈也买了书回来，和小月一边看一边学着打理。碰到困难时，妈妈还特意在家长群里向其他家长请教。没想到大家对这件事有着各种各样的看法：有的觉得学校给家长增加了负担，有的认为这是在浪费孩子的时间，有的觉得孩子做不好这件事，有的觉得给孩子提供了劳动的机会，有的认为活动能培养孩子的责任感……

看到家长社群里的不同看法，再看看小月认真的态度，妈妈决定带小月去请教会种花的老师傅。经过母女俩两个月的努力，盆里终于开出了粉色的小花。

五一国际劳动节前一周，老师让孩子们把自己种的花都带到学校去。放学时，妈妈去接小月，小月兴高采烈地给妈妈展示老师颁发的“班级美容师”的奖状，一脸自豪。小月和同学们不仅美化了教室，还学会了一项劳动技能。通过这次活动，小月明白了劳动成果的来之不易。

自从教育部颁布《大中小学劳动教育指导纲要（试行）》后，很多学校都按要求开设了劳动课程，还有的学校把劳动课程和活动结合起来。

有的孩子在学校和家庭的教育中不仅掌握了劳动技能，还建立了自我价值感、自信和责任感；而有的孩子在这个过程中不仅没有获得成长，还与别人拉开了距离，甚至出现了不正确的价值观。出现这种差异的原因在哪里呢？

1. 家长对劳动教育认识不足

劳动教育是道德品行养成、人格形成的重要途径。通过案例可以看到小月班上有的家长觉得种花太费事，忽视了劳动的育人功能；还有家长认为孩子劳动是在浪费时间……这些错误的劳动观念直接影响到孩子对劳动的态度。

2. 家长育人角色定位不够准确

我们看到案例中的小月妈妈对孩子的尊重、陪伴和帮助。对孩子的劳动教育是从一件件生活小事开始的，孩子在扫地、倒垃圾、擦桌子中不断积累劳动的经验，培养劳动的品质。案例中的小月遇到困难时，妈妈没有袖手旁观，而是为孩子提供帮助，小月在妈妈的帮助下掌握了学习的方法，有了坚持的勇气，还学会了尊重劳动成果。有的家长用各种理由推脱，觉得教书育人是学校的责任，自己帮不上什么忙；还有的家长觉得自己太忙，反正劳动课不用考试，就随便做做吧。事实上，劳动中的陪伴是老师无法代替的，也是家长需要承担的责任。

3. 家长对老师育人理念不认同

案例中的一些家长对于种花这一安排表现出不配合的消极态度，其实是没有理解老师活动的初衷。老师本意是通过让家长指导孩子种花，既美化教室，又让孩子掌握一项劳动技能，还能增加亲子互动时间。从儿童心理发展的规律看，年龄越小，孩子的可塑性越强，越容易培养自理能力及劳动习惯。孩子劳动技能的习得一定是在实践中获得的。小月妈妈的做法，最正确的地方就在于她配合老师，和老师成为学校、家庭之间的协作者，以行动去支持孩子。反之，如果家长不能和学校保持一致的理念，对学校为了培养学生的良好品德而在课内外所设置的教育活动不予支持，那么学校的教育就无法达到预期效果。

4. 家长不配合良好班级环境的创设

班级教室是孩子在学校生活中待的时间最长的地方。一个有序、温暖、和谐的班级环境有利于培养孩子积极、乐观的精神，帮助孩子树立规则意识。在学生数量和师资配置相同的情况下，如果一个班级教室能保持井井有条、物品整洁、桌椅整齐、布置美观，学生家长之间常沟通，家长和老师关系融洽，那么这个班级的孩子大概率是规则意识强、热爱班级、友爱同学、凝聚力强的；而如果一个班级教室脏乱、物品凌乱、布置随便，学生家长之间不仅不熟悉，还经常因为意见不统一而争执，不愿意与老师沟通，甚至不回应老师的通知，那么这个班级的孩子就很容易出现打架、争吵的现象，在班级集体劳动时不合作而导致劳动效果不好的情况会更为明显。

了解孩子

孩子进入学校后，会从适应学校生活慢慢过渡到完成班级、学校安排的各项任务。他们会慢慢扩大活动的范围，尝试提高活动的强度。这个阶段的孩子的身心规律主要体现在以下几个方面。

一、孩子身体的协调能力增强了

对于孩子来说，他们渴望自己变得强大，希望自己有能力解决需要面对的问题。孩子的协调能力增强后，就可以完成一些更为精细的操作。适当的劳动和运动能帮助孩子锻炼协调能力，增强体能，有利于促进与同伴的交流合作，因此大多数二年级的孩子都会认为承担班级任务是一件十分开心的事。

二、父母、老师、同伴的评价影响自信心的形成

二年级是孩子形成自信心的关键期。他们能在别人的正面评价中发现自身的价值，产生兴奋感、自豪感，降低对自己的担心。如果孩子由于成绩不良或某个方面的不足而受到班级同学的歧视，往往就会对自己产生过低的评价，对自己失去信心。孩子尤其在意父母和老师的评价，在二年级这个年龄段，最让孩子为难的或许就是父母和老师对他的评价不一致，他会因此而无所适从，甚至出现不想上学的情况。试想这样的情形：在一次值日任务中，孩子花了九牛二虎之力去完成，直到自己满意为止。老师表扬道："你能这么认真地完成一件事，真是太能干了！"孩子走出校门，看到等待已久的家长，刚想跟家长说说老师的表扬，家长却先开口："做个值日这么磨蹭，赶紧回家！"孩子不知道该听谁的，自信心也会因此受到影响。

三、孩子日益增强的独立感与实际能力之间的差距

日益增强的独立感与实际能力之间的差距，使这一阶段的孩子在想做好但又难做好之间挣扎。孩子这时候实际上已经表现出了难以发现的、全新的、正在成长的独立性，比如遇到困难时，以前孩子会更希望有人来帮他解决问题，现在他更愿意尝试自己克服困难。正如前面案例中的小月，她希望自己能独立去完成某件事，可是她的能力还比较弱，不能完全理解哪些事情能做到，哪些事情做不到。这时父母的帮助和示范就是最好的解决之道。

四、二年级孩子开始追求集体荣誉感

二年级的孩子已经产生日趋强烈的集体荣誉感。这个阶段让孩子参与班级服务，可以较好地培养孩子的集体荣誉感。当孩子通过和同伴合作，让教室环境变得整洁、美观，就会产生愉悦感，从而促进自己对集体的认可和维护。

我们在了解孩子成长规律的同时，也要听听孩子的心里话。

1. 希望爸爸妈妈能对我耐心点

爸爸妈妈，我很喜欢当班级的值日生，因为老师告诉我们，能自己独立完成任务，就证明长大了。可是你们每次都催我“快点！快点！”你们一催我，我就紧张；越紧张，就越害怕做不好。你们可不可以耐心一些，等我把教室打扫干净，把桌椅摆放整齐，把窗帘挽好？

2. 希望爸爸妈妈能抽空和我一起参加志愿活动

今天老师又让我们报名参加班级志愿者的活动了。看到别的同学都把手举得高高的，我有点难过。你们总是说工作忙，没办法参加。多希望你们也能抽出时间和我一起，成为班级的志愿服务者呀！就像上一次，好多同学的爸爸妈妈都能到学校来，大家一起高高兴兴地说着、笑着、忙着，只有我……

3. 希望爸爸妈妈多关心我

老师问我们谁能将脏了的拖把洗洗时，我第一个举了手。可是尽管我洗了很久，衣服都给弄湿了，同学们还是说没洗干净。回到家，你们在饭桌上高兴地聊天。我不开心，可是你们都没发现。你们可以多关心我吗？

对于这一阶段的孩子而言，在矛盾中成长、在“犯错”中前进，是他们生活、学习的主旋律。充分了解这个年龄段的孩子的典型行为和特点，才能正确教育他们；了解孩子的需要，才能让教育更有效果。

实施指南

独特而有个性的二年级孩子总是在矛盾中成长。他们有时觉得自己很能干，但碰到困难无人帮助时又会觉得委屈；有时觉得父母不理解自己，但又不知道该如何做。当孩子出现这些情况时，最需要父母和老师合作，为他们创设一个放松、随时可以得到示范和帮助、还能感受到鼓励的氛围。家长不妨参照下面的方法，尝试着去做，也许能更好地帮助孩子。

◆ 策略一：熟悉学校劳动教育的要求

家长要明白劳动教育可以提高孩子对劳动过程和劳动成果的价值获得感，使孩子体验到自身的存在意义感，以及自我实现的幸福感。家长要想让孩子从小有劳动习惯、劳动意识、劳动技能，就要了解劳动教育的目标、内容，多了解学校对孩子的劳动要求和班级老师对孩子的劳动要求。家长可以通过网络等渠道，学习劳动育人的各种方法，使家里的要求与学校和班级一致，避免因为要求不同而使孩子出现无所适从的情况。

◆ 策略二：不做班级工作的看客

班级对孩子的成长起着至关重要的作用。良好的班级建设与班级管理，不仅是班主任的事，还需要家长的充分配合。这个配合不是打扫教室卫生、清洗班级窗帘而已，而是包括参与协商制订班规、协助班级管理和文化建设、和老师一起营造热爱劳动的班级氛围等工作的全程配合。对于老师交给孩子的班级任务，家长可以和孩子一起分担，带着孩子一起去完成。有时候，家长没有空亲自协助，也可以通过电话、视频的方式给班级工作提一些建议。当家长转变角色，由旁观者变为参与者，积极参与孩子的班级建设，真正把班级看作孩子生活的大家庭时，孩子便能够在这个环境中感受到家长对自己的关注，生活得舒心。

◆ 策略三：明确家长劳动育人的职责

在孩子的教育过程中，学校和家长都有自己的育人职责。学校是劳动教育的实施主体，而家长是劳动教育的第一指导者和持续推动者。孩子的劳动习惯、劳动意识、劳动能力大多来源于家庭。因此家长要积极承担起劳动育人的责任，把家庭作为孩子参加劳动的第一基地。很多家长也许没有认识到，孩子在以一个学习者的身份参与劳动教育。现在一些家长之所以不愿意协助孩子劳动，一个非常重要的原因就在于，他们更多地是从劳动者的角度去看待孩子劳动，而不是从劳动教育的角度去看待孩子劳动。劳动教育不是要求孩子在劳动过程中“多快好省”，而是希望在做得“慢”和做得“不好”的过程中，给孩子提供一个劳动实践的机会。

1. 多鼓励孩子

家庭是实施劳动教育的重要场所，家长可以在日常的家庭生活中引导孩子参加力所能及的家务劳动。劳动时，注意鼓励孩子先做，关注劳动过程，不急着评价好不好。当孩子在家里不主动时，家长还可以结合老师的劳动要求，激励孩子由家长安排做变成“我主动做”。

2. 牢记劳动育人

劳动的目的不是让孩子“会做”，而是让孩子学会劳动，培养对孩子一生都有益的习惯。家长可以用周末等时间开展一些亲子活动，比如下面这个活动。

活动主题：寻找“看得见”的劳动者和“看不见”的劳动者。

活动目标：发现每种职业的特性及对我们生活的作用，学会珍惜劳动成果。

活动准备：一张表格，笔。

活动过程：

1. 找一个周末或家长有空的时间。

2. 家长和孩子一起寻找学校等场所里哪些劳动者的工作是看得到的，哪些劳动者的工作是做了但我们看不到的，并将其一一记录下来。

3. 和孩子交流，每天有多少劳动者在为人们服务。

我们“看得见”的劳动者	我们“看不见”的劳动者

之所以开展这个活动，是因为现实生活中，孩子受外部影响，很容易陷入对劳动者和劳动成果的认识误区，比如以金钱论尊卑，认为收入高的人比收入低的人更值得尊敬，同类商品中贵的就是好的，等等。一些小学生表现出攀比、炫富等行为，都与这种错误认识有关。对此，家长有必要向孩子教授一些有关社会分工与经济生活的常识，帮助孩子纠正观念，了解职业之间的差异。家长还可以通过这个活动对孩子进行职业启蒙，让孩子了解不同工作的特点，比如不同职业的工作对象、技术要求，以及相应的收入和回报等，鼓励孩子从劳动中发现劳动的价值，建立正确的价值观。

◆ 策略四：不急着代替孩子解决问题

对于孩子来说，成长是一个充满困惑和压力的过程。当孩子遇到成长的困难时，家长的态度和做法，会对他们产生十分重要的影响。家长可以让孩子主动向老师申请承担班级工作岗位的职责，并在孩子的工作过程中经常过问孩子的情况，同时持续给予鼓励。孩子年纪小，刚开始劳动时往往做得很慢，有时甚至会闯祸。对此，有的家长会焦虑，觉得孩子动手能力差；有的家长会担心，认为孩子会受累。

一项调查显示，在二年级孩子中，有约43% 的孩子表示遇到困难时，希望父母“冷静地和我一起解决，不因此限制其他活动”；有约23% 的孩子表示“虽然我达不到预期目标，但也请对我的付出和进步给予肯定”。可见，虽然孩子在成年人眼中有很多幼稚行为和不足，但他们并不希望被当成“什么也做不好的小孩”。所以，越是做得不好、处于低谷的时候，他们就越需要得到来自父母的尊重。家长不要因为孩子表现不尽如人意就不让孩子动手，而是要给孩子示范正确的做法，耐心地教他们应该怎样做，鼓励孩子坚持劳动，养成习惯。鼓励的方法也有很多，如跟孩子约定好，每完成一项劳动就在表格的评价栏里画上一个笑脸，家长还可以根据笑脸的数量，给孩子奖励。相信在目标的指引和预先的规划下，孩子对劳动的兴趣能够得到提高。

◆ 策略五：引导班级形成正面的劳动舆论

不少家长发现，在班级微信群或家长会上，对班级事务的决策会出现不同的声音。有不同的声音是正常的，这时家长要冷静判断，不急着下结论，不盲从、不附和，明白班级的工作始终是为孩子服务。作为家长，我们平时应及时回应老师的任务通知，按照老师的要求指导孩子完成任务。其实，孩子在学校里需要完成的班级任务多是值日工作，这除了能让孩子掌握劳动技能，还能培养孩子与人合作的能力。有时候，家长如果能想到更好的办法以支持老师的工作，可以提出来讨论，这无形中也体现了家长对班级工作的支持。通过这些实际行动，可以使班级形成良好的舆论氛围，传播正能量。对于家长的理解和支持，老师是能感受得到的，这也有助于双方互相理解和互相配合。

以上的策略只是一些参考，家长可以根据自己情况，尝试去学习和实践，相信在家长和老师的相互支持、配合下，可以为孩子营造一个融洽、和谐的氛围，并培养孩子为班级服务、与他人合作的好习惯。

主动参与
——走进课堂，分享孩子的快乐

案例分析

广西的一所小学自2017年9月起开展了“小职业，大社会”家长进课堂活动。学校开展这个活动，是因为在一次家庭状况调查时，发现很多孩子的行为习惯不好，劳动意识不强，除了学校的值日活动，基本没有参与其他劳动。同时，学校还发现40%的孩子平时和父母在一起的时间不多，对父母的职业和工作更是不了解。于是，学校召集一些家长作为代表举行会议，针对孩子的问题与家长代表讨论如何改变。当时有个家长提出，既然学校劳动课程安排有限，资源有限，要不就让家长试试，教孩子们一些劳动方法和生活技能，家长也可以借这个机会了解孩子就读的学校。大家觉得可以试试，于是家长进课堂的活动就开始了。

几年来，每个月第三周的周五，参与教学任务的家长就会如约进入学校，到课堂上给孩子上课。课程内容主要以家务劳动、社会服务、职业体验为主，涵盖了美食制作、职业技能、生活常识、安全教育、艺术普及、实验综合、手工、茶艺、家乡民俗等多种内容。

据家长反映，每次家长课堂后，孩子们回家都会和家长分享课后的心得：“我学会包饺子了”“我学会折千纸鹤了”“我知道学校门口小摊的零食是‘三无’产品，对身体不好，我不吃”“我好羡慕某同学爸爸是警察，我长大也要当警察”“上周的家长课堂活动比赛叠衣服，我得到了两根棒棒糖作为奖励”……还有的孩子回去和家长说：“爸爸妈妈，你们也抽空来给我们上一节课吧，我希望你们来。”

学校也表示这个活动很受孩子们的欢迎。但也有不少家长对进入学校，尤其是进入课堂仍然有一些顾虑。

从案例中可以看出，学校开展这个活动，目的是搭建家长参与孩子活动的平台，并使家长更了解学校的工作，从而加强学校与家庭之间的联系，保持教育理念与行动的一致性。活动很受孩子们的欢迎，弥补了学校劳动教育缺失的部分，也增进了学校与家庭之间的相互了解。参与活动的家长有很多的感悟，但依然有家长对进入学校，尤其是进入课堂存在顾虑。家长们有顾虑主要有以下几个方面的原因。

1. 觉得自己不懂教育

尽管现在大部分家长很重视对孩子的教育，也明白家庭教育的重要性，大多数情况下也愿意配合老师对孩子进行教育，但对于在学校开展家长进课堂活动，相当一部分家长还存在认识上的误区。一方面，一些家长会单纯地认为这类活动是要家长充当老师的角色，去学校给孩子上课，担心自己没有一技之长，又没经过专业训练，觉得自己水平不够而不想参与。另一方面，有的家长认为这是在帮老师干活，因而只愿意当参加者协助老师开展活动，能主动策划活动的寥寥无几。

2. 认为教育是学校的事

一些家长不理解活动的价值也成为开展家长进课堂活动的绊脚石。有的家长以为学校开展家长进课堂活动只是为了减轻老师的负担，没有认识到这个活动对孩子、对家长的价值，因此对活动提出质疑，觉得家长也要工作，凭什么还要充当教师的角色。

3. 家长工作繁忙

有许多家长因为忙于工作，平时缺乏与老师的交流，有时甚至连家长会也无法抽空参加，对于学校的教育了解甚少，参加家长进课堂活动往往会占用他们的工作时间，因此参加活动的热情并不高。其实，有些家长在孩子教育方面做得不错，也很有想法，然而由于工作忙，往往只是在自己孩子的家庭教育中发挥作用，难以参与到学校教育中去，不能充分发挥他们的示范作用。同时，可能因为自己的教育观念与老师不同，又缺乏与老师的及时沟通，这些家长容易对家长进课堂活动产生误解，从而不热衷参与学校的教育教学活动。

4. 爸爸不愿参与

在开展家长进课堂活动的过程中，还值得注意的是，父亲的参与率远低于母亲。受传统观念影响，一部分爸爸认为“男主外、女主内”，自己是家庭里经济的支柱，对于子女的教育则应由妈妈全权负责，因此，学校的活动有妈妈代表就足够了。还有一部分爸爸觉得自身能力和资源有限，就算想参加也不知道自己能做什么。

实际上，家长进入学校和课堂，对孩子、对家庭教育、对学校管理都有重要的作用。

一是增强孩子的信心和家长对学校的了解。家长进入课堂可以对孩子在学校的表现有更清晰的了解，也便于家长及时发现问题，及时和老师沟通。有了家长的关注，孩子会因此更努力。

二是改善家长与学校的关系。家长进入学校，可以加深对学校的了解，今后和老师配合起来更顺畅。

三是增加家长与孩子的互动，增加亲子共处的时间，促进亲子之间的情感发展。将亲子互动由家里延伸到校内，可以增加亲子互动的时长，加深亲子交流。

四是为开阔孩子的视野、丰富孩子的知识体系、提升孩子的各方面能力提供有效途径。家长的资源能有效弥补学校课程设置的不足。

了解孩子

在一次对200名孩子的访谈中，有大约95%的孩子希望父母能到学校上课，参与学校活动，仅有约5%的孩子因为对父母工作不了解、觉得父母工作辛苦、怕被同学嘲笑等而不愿意让父母到校。

如果家长能走进孩子的世界，关注孩子在当前所处年龄阶段中的需要，会更有利于对孩子的教育。

一、孩子渴望与父母分享自己的学校生活

孩子不仅喜欢和爸爸妈妈一起出去走走看看，还喜欢爸爸妈妈给他读一段文章或讲故事，或是做一些让他觉得愉悦的事。孩子往往为自己的父母感到自豪，对父母十分敬仰。二年级的孩子还需要父母的陪伴，需要享受和父母在一起的快乐。父母的作用就是做孩子的引路人和示范者，孩子会在父母的引领下寻找劳动的价值。

二、参与劳动可以提高孩子的劳动兴趣

意大利教育家蒙台梭利说过："我听到了，我忘记了；我看到了，我记住了；我做过了，我理解了。"这告诉我们，动手能获得丰富的学习经验，让儿童实现身体、意志、思想的独立，达到人格、心理、智力、精神的成熟。参与劳动可以使孩子对新鲜的事物产生直接的感官体验，从而提高活动兴趣，促进持续性的参与。二年级的孩子能接触到的劳动多数是能直接看到过程和成果的劳动，因为能参与，孩子也随之有了可以实现的目标，而且年龄特点使他们比较执着，会努力去完成。举个例子，一个孩子放学回家有些沮丧，爸爸询问后，孩子才说学校今天进行花样跳绳队员的选拔，但正好轮到自己值日，孩子考虑之后，决定放弃选拔，完成值日。这个选择对二年级的孩子来说，是很困难的，但他可以做出选择并面对，恰恰是孩子学会取舍的良好起点，同时也说明孩子因为参与劳动，找到了自我价值感，最终做出了自己的选择。

三、孩子喜欢积极表现，渴望得到认同

前面介绍过低年龄段的孩子对自己会有些担心，担心自己做得不够好，担心被人嘲笑，所以对自己的要求就会比较高，想要达到自己的高标准，想要有好的成绩、好的表现和出色的能力。他们会强调：我要把这件事做好。他们对父母、老师、同伴的认同有很大期待，一般情况下会通过别人的认同来获得自豪感。比较有意思的是，如果自己的父母得到关注，在孩子看来，几乎等同于他们自己被关注，这也是孩子喜欢和父母一起到公众场合去的原因。

四、渴望成为集体中有用的人

在一项调查中，调查者问孩子们，在学校里最让他们自豪的事情是什么。约46%的孩子表示，最让他们感到自豪的是可以帮助身边的人解决问题，有一群好朋友；约21%的孩子认为，考试取得好成绩或在竞赛中取胜是最值得自豪的事。当孩子们被问到“在学校里，你最希望得到怎样的评价”的问题时，约26%的孩子希望被评价为“人品好，值得信任”，约23%的孩子希望获得“积极热情，热心为大家服务，有公益精神”的评价，只有约11%的孩子希望被评价为“学习能力强，让人仰望的‘学霸’”。

学习成绩长期被当作衡量学生优秀与否的“硬指标”。“当学生的，首先就得学习好”这是很多成年人常有的看法。但在孩子的眼中，最让他们感到自豪和满足的并不是优异的成绩，而是能在集体中实现自己的价值，这也是孩子走上社会与人合作最初的动力。在这个时候，如果家长通过自己的参与，和孩子一起找到属于自己的位置，让孩子感觉到自己的父母也是一个“很棒的人”，这种获得感会让孩子对家长格外信赖和崇敬。

当家长忙于工作，或者不愿意参与学校活动时，不妨听听孩子的心里话。

1. 我爸爸是最棒的木匠

我爸爸可厉害了，会做很多很多家具。家里的家具都是他做的，可漂亮了。我特别希望他能到学校教教我的同学们，这样同学就知道我有一个超厉害的爸爸！

2. 我不知道爸爸妈妈是做什么工作的

爸爸妈妈工作很忙，我经常见不到他们。其实我很想向大家介绍他们，可是我不知道他们在做什么工作。我希望爸爸妈妈能到学校给大家上课，因为我能了解爸爸妈妈是做什么工作的，还能经常见到他们。

3. 我真的会被看不起吗

我妈妈没有什么特别拿手的，却是我们村里种菜种得最好的！可她不愿到学校来，总是说，自己来了会让人看不起。为什么呢？

从孩子的心声中，我们不难发现，孩子需要的是家长的陪伴和示范，而孩子正确的人生观、价值观就是在这样的分享、认同和沟通中逐渐形成的。在这个过程中，家长的评价会成为孩子的支撑，会为孩子良好社会关系的形成、社交技巧的掌握奠定基础。

实施指南

升上二年级，孩子的活动范围扩大，活动形式变得丰富，这使得孩子的社会性日趋明显。家长在这个阶段要学会和孩子做伙伴，有质量地陪伴孩子，和孩子享受一起实践的乐趣，多和孩子一起参与公共活动。家长可以参照以下几点做法。

◆ 策略一：转变观念，形成家校共育的意识

家长观念需要转变，认识到家庭教育应和学校教育“并肩而行”，形成整合优势，这是教育的正确“打开方式”，能促进孩子健康成长。“家校协同—教育合力—孩子成长”，这是教育的良性循环生态链，在良好的家校协同教育下的孩子会更健康地成长。

有一个故事说，能够到达金字塔顶端的只有两种动物。一种是雄鹰，它可以一飞冲天，靠自己的翅膀飞到塔顶；另外一种是蜗牛，它有爬上去的能力，但这个过程是漫长而艰辛的，可能要一个月、两个月，甚至一年、两年，也一定会经历掉下来、再爬、再掉下来、再爬的反复。当蜗牛爬到金字塔顶端，它眼中所看到的世界，它收获的成就，跟雄鹰是一样的。绝大多数的孩子或许是蜗牛，而不是雄鹰，但是能在掉下来后乐观地再次挑战，最终战胜一切困难爬到金字塔顶端的蜗牛，背后肯定有永远支持它、鼓励它的力量。对于孩子而言，他背后的力量越强大，他的勇气就越足，产生的能量就越大。

如果家长勇于承担家庭教育第一责任人的职责，勇于担当学校教育的志愿者，主动和学校结成紧密的教育合作关系，那么教育的良性循环生态链就会更牢固，孩子的健康成长之路也会更顺利。

◆ 策略二：担任多种关系的“沟通员”

沟通是家校共育最好的桥梁。一方面，学校老师和家长通过家校定期沟通，全面了解学生的发展情况及家校教育的状况，就家庭和学生存在的问题及时采取恰当措施，更好地做到防微杜渐。另一方面，家长通过主动和老师沟通，了解班级或学校近期活动的目的和要求，就能知道可以从哪些方面充分发挥自己的特长，找到自己可以承担的任务，更好地实现家校共育。

相对学校生活而言，孩子的家庭生活具有隐私性，老师无法全方位地参与孩子的家庭生活以观察孩子的言行举止，这就需要家长和老师建立良好的沟通关系，及时为老师提供孩子在校外的信息。研究表明，家长积极与老师沟通，会对孩子的成长和目标规划有很大的帮助。

家长除了做班级文化的维护者，还应该做班级文化的传播者。老师可以积极协调班级其他家长参与活动，使更多家长走进孩子的世界，和孩子共同分享劳动的快乐，收获劳动的价值，言传身教，给孩子树立良好的榜样。

如果孩子在学校被误解或受到老师批评，家长应该给老师以足够的信任，配合老师寻找问题所在，共同解决问题。家长还可以搭个桥，让孩子和老师成为朋友。

“沟通员”的存在可以更好地减少家校矛盾，营造轻松、愉悦的氛围。在这种氛围中，家长可以拉近和老师的心理距离，自在地发表自己的看法和意见，表达自身在教育方面的疑惑，使家校关系更融洽、教育质量更高。

◆ 策略三：参与学校活动的策划和组织

家长是强大的教育力量，可以在学校教育中发挥重要的作用。家长参与学校教育的形式是丰富多样的，可以是支持者和学习者，也可以是学校活动的志愿者，还可以是学校教育决策的参与者。家长在家校协同中扮演何种角色可以由家长根据自身的情况而定。在学校的工作中，成为学校活动的志愿者是目前家长参与学校教育的一种普遍形式。

家长可以充分发挥自身在人力、物力等方面的优势，为学校策划活动。在策划过程中，要注意征求孩子的意见，请孩子做参谋，为活动的开展做准备；要多考虑增加和孩子互动的环节，使孩子在活动中真切感受到家长对班级、对学校、对工作的热情，通过活动策划、组织，创造与孩子深度交流的机会。

◆ 策略四：建立“家长资源库”，让课程丰富起来

家长从事各行各业的工作，有的是能工巧匠，有的是某方面的专业人士，这些都是很丰富的教育资源。可以结合不同家长的兴趣爱好、职业特长、技术能力，一起建立一个“家长资源库”，利用不同家长的资源增加劳动课程、生活课程的种类，比如让当消防员的家长跟孩子讲讲

消防安全知识，让喜欢种花的家长教孩子一些有关花朵的知识，让善于种菜的家长教孩子怎么种植蔬菜，让开商店的家长教孩子挑选质量高的商品，等等。其实，家长开设课程对学校帮助很大。一是能极大地丰富学校课程。从事各行各业工作的家长可以带给孩子不同领域的知识，丰富孩子的学习资源，拓展孩子的视野和知识面。二是能强化家长的职责意识。家长参与到学校课程当中，可以强化家长自身对孩子的教育责任感，让家长意识到自己作为教育者的另一种可能。三是能使孩子感受到家长和老师都是自己成长路上的引路人，理解家长和老师的教育言行。总之，家长的积极参与，有利于形成和谐的家校共育的环境。

◆ 策略五：开展生活实践，一起享受体验

在生活中强化孩子在家长课堂上学会的技能的方法，就是和孩子一起真正实践。在共同实践中，家长既能够陪伴孩子探索兴趣爱好，又能够让孩子学习建立时间管理观念，帮助他们合理安排自己的学习、生活时间，成为一个有条理、有秩序感的人。家长可以通过实践，润物细无声地使孩子获得良好的价值取向的教育。比如，家长可以让孩子观察自己一天的生活，包括在家里、学校、社区、商店等，记录下都有哪些人为自己提供了哪些服务，形成一份观察记录，然后和孩子一起讨论如果没有这些服务，我们的生活会是怎样的。通过活动的开展，让孩子意识到自己的生活离不开他人的劳动，从而发自内心地感激和尊重身边的劳动者，并珍视自己所得到的服务。

类似的活动还可以延伸到社区里、村子中，每个家长都可以根据自己生活的地方和孩子进行观察、访谈等教育活动，丰富孩子的生活体验。尤其是农村的劳动环境本来就是一个天然的教育课堂，家长更容易创造与孩子一起劳动的机会，把自己擅长的农业生产生活知识传递给孩子，让孩子对生活地的生产生活方式形成全新认识和深刻体验。

总之，孩子的成长不是一蹴而就的，家长和学校合作的方式也是多种多样的。当家长能主动由“局外人”变为“局内人”，从单一的父母角色转变为“父母兼教师角色”时，家校协同就有可能真真正正地促进孩子的教育，家校共育的力量才会越来越大。

携手共育

——赞美学校，为学校建设出谋献策

案例分析

这个学期，学校召开了一次家校融合交流会，主要就建设学校的环保主题创意园征求家长代表的意见。建立环保主题创意园其实是学校在进行“垃圾分类20年”主题活动的基础上做的一次探索活动，目的是让孩子知道，对垃圾进行分类后，还可以二次利用，将垃圾变成工艺品或者生活用品，甚至成为学校里的景观。文文妈妈是家长代表之一。她和其他家长代表在年级主任的带领下分组讨论，再将意见汇总整理，和其他组交流。经过论证，大家一致决定将园址定在距离教学楼不远的空地上。随后大家又就建设材料、建设步骤、时间节点等问题进行了讨论，并一一形成决议。

接下来的日子里，文文妈妈协调班级家长到处收集适用的废旧物品。一周后，各个年级收集的材料备齐了。家长和孩子、老师一起，开始对这些废旧物品进行再加工和安装。孩子和家长一起完成了拆、磨、钉、焊、敲、搭、刷、拼等工序，经历了一次次推翻原有方案又一次次解决困难的过程。

终于，在老师、家长、孩子的通力合作下，创意园的第一期工程向全校开放了。开放那天，孩子们是最开心的。参加这次活动的好多家长说，以前为送孩子上学而发愁，现在孩子生怕不能去学校。有的孩子变得勤快了，有的孩子碰到困难敢于迎难而上了，有的孩子把学校的事当成自己的事了。

从这个案例我们可以看到，孩子通过和家长一起参与校园建设，对学校产生了归属感，对学校充满热爱，这说明学校和家长真正形成了合作关系。孩子能够感受到学校和家长一起营造出的和谐氛围，并且会不知不觉地将这种向上、积极的感受带到自己的学习和生活中，这为孩子的阳光心态、利他意识的培育提供了平台。随着家长对家校共育的重视，越来越多的家长愿意走进学校，参与学校的各项活动，向学校提出更具建设性的建议。但也有越来越多的家长提出了自己的困惑：家庭教育到底要教育什么？我也想配合学校做好孩子的教育，但是该怎么做？面对种种困惑，家长可以先了解自己在什么方面具备教育的能力。

一、家庭教育具有独特优势

> >> 1. 家庭教育促进儿童的道德发育

在《重塑真善美》一书中，美国心理学家加德纳认为环境影响着儿童真善美观念的发展。学校教育容易培养“真”，家庭教育容易培养“善”，而同伴教育容易培养“美”。教孩子学会做人，这是家庭教育的首要任务，也是家庭教育最根本的职能所在。家庭生活及其向社会生活的延伸，为儿童的道德成长提供了最丰厚的土壤。

> >> 2. 为孩子习得利他思想提供机会

美国心理学家班杜拉提出了社会学习理论，认为孩子通过观察周围他人的行为而学会社会行为。这个观点已得到众多研究的支持。根据目前的研究，人的大脑的道德学习，其敏感的发达时期在3～8岁前后，在10岁前后人的道德学习能力会达到最适状态，也就是说，道德学习的决定性时期在10岁之前。孩子如果在10岁以前能够得到充分的道德教育，且积累了足够的实践经验，就可以在大脑的帮助下增强对于道德的渴望与责任感。家长以身作则参与学校建设，十分有利于培养孩子对学校的服务意识与服务技巧。

> >> 3. 为学校教育提供经验支撑

孩子到学校后，可能会表现出思想、行动上的不成熟，这是因为家长在家庭教育中忽略了孩子生活经验的积累。家庭是孩子学习和积累生活经验的第一场所，这些生活经验是孩子学习的重要支撑。也就是说，在生活经验的帮助下，孩子能在学校更好地理解概念，更快地建构知识结构。如果在家庭中孩子没有机会积累生活经验，就会和其他得到充分锻炼的孩子之间形成差距：不会劳动、不会合作、不会助人等。但是这些缺失，可以通过学校活动加以弥补。

二、家长参与具有众多益处

研究表明，当家长积极参与学校的建设时，所产生的影响可以让家长自己也得到成长。

首先，家长与孩子之间的互动和讨论增多，会使家长对孩子的社会性情感培养和智力发展更关注、更敏感。其次，随着活动的开展，家长在儿童发展方面的知识有所增加，可以掌握更多的育儿方法，更多地通过关爱和积极态度来教育孩子，减少对孩子的责罚。再次，家长对教师这一职业和学校课程设置有了更深的了解，会更愿意按老师的要求帮助孩子，更积极地参与孩子的家庭学习活动。最后，家长对学校的认识改善了，教育孩子时的情绪将变得更平稳，与学校的关系也会更紧密，会投入更多精力到孩子的培养上。

在认识到家庭教育的优势所在和参与活动的益处之后，家长或许就不会那么焦虑了，可以在家庭教育中对症下药，逐步改变教育方式。良好的家庭教育是高品质家校共育的坚实基础。在这基础之上，需要家长在和学校的协同中发挥所长、汇聚力量，帮助孩子无论在家里还是在学校，甚至是在更广阔的舞台上，都能自信、从容。

了解孩子

要实现高品质的家校共育，需要家长了解孩子已经具备了哪些品质，使家校共育能够有的放矢。

一、教师对孩子的期望值会影响孩子的成长

教育学有一个著名的“教师期望效应”，指教师对学生的期望在学生的未来发展中得到验证的现象。教师的期望（包括积极期望和消极期望）对学生的发展有着举足轻重的作用，学生往往会沿着教师所期望的方向发展，教师对学生的积极期望通常会使得学生表现得更好。家长在家校合作中的积极表现，会令教师对孩子抱有较高的期望。根据这个效应，当教师对孩子有较高的期望时，他们会有意识地更关注孩子，从而更好地帮助孩子的成长。许多研究都表明，家长参与学校活动程度较高的孩子通常有较高的成绩和出勤率，以及较好的作业完成情况等。

二、环境氛围会影响孩子的亲社会行为

亲社会行为是指受社会欢迎、符合社会期望并对他人、群体、社会有益的行为，包括帮助他人、分享、捐赠、自我牺牲等积极的、对社会负责的行为和趋势。二年级的孩子助人行为越来越多，助人的能力有所提高，因此在这个阶段，加强对孩子亲社会行为的培养十分必要。

研究表明，亲社会行为对于孩子的发展具有相当重要的积极作用，表现出更多亲社会行为的孩子往往能在将来拥有更好的学习成绩、更健康的身心、更高品质的人际关系和更多的幸福感。生活环境对孩子的行为有潜移默化的影响。在团结、凝聚力强的团队中，孩子更可能采取亲社会行为；在鼓励亲社会行为的氛围中，孩子的亲社会行为会更多，孩子会更愿意帮助别人、与他人合作。

三、良好的社会关系能促进孩子正确的人生观的形成

二年级孩子正处于对社会充满好奇并希望进行探索的阶段。亲子、师生、同学、朋友等关系对孩子正确的人生观的形成有直接的影响。这一阶段的孩子会通过自身体验和观察去发现并且学习社会关系的模式，因此在这个阶段，良好的社会关系可以成为孩子学习的主要素材。亲子关系良好，孩子就会有安全感，就会在与人交往时表现出积极向上的行为；师生关系良好，孩子就会对学校、学习充满兴趣；同学关系良好，孩子就会借助伙伴的力量，锻炼自己的交往能力和沟通技巧。

在这个阶段，我们家长的言行会对孩子造成什么影响？一起听听孩子的心声。

1. 我也需要得到表扬

爸爸妈妈，当老师表扬我的时候，你们总是挑我的毛病。我已经很努力了，为什么不可以在老师面前也多表扬我呢？上次，我向同学介绍爸爸妈妈时，我都是在夸你们的。

2. 为什么爸爸妈妈不喜欢学校

我总觉得爸爸妈妈不喜欢我们学校。每次聊到学校，都听到他们说学校的环境不好，老师不好，伙食不好。可是我觉得学校很漂亮，老师对我们也很关心，学校的午饭也很好吃啊！

3. 有你们真好

爸爸妈妈，你们对工作都很负责。我也要像你们一样，做个负责任的班干部。每次学校有活动，你们都想方设法抽空参加，还帮助了很多同学。同学们可羡慕我了！我会像你们一样棒的。

二年级是孩子能否形成良好社会关系的重要阶段。把握好孩子成长的这个阶段，就是为孩子将来阳光、自信、从容的人生态度打下最坚固的基石。

实施指南

宽容、开明的父母是孩子成长的引路人，是孩子身心的守护者，更是孩子品格的锻造者。要让孩子能在自在、融洽的教育氛围中释放个性，充满自信地应对生活、学习上的困难，就需要家长和学校互补、协同，在孩子喜欢学校、认可学校的良好基础上，发挥家校合作最大的作用。

◆ 策略一：赞美学校，营造氛围

兴趣是最好的老师。为保持孩子对学校的喜爱，激励孩子学习、劳动，家长要做学校教育的支持者和学习者，积极配合、主动参与学校工作，并通过一些亲子活动让孩子感受和谐的氛围，发现学校的美。可以参考以下活动方案。

活动主题：我们一起夸夸学校。

活动目标：引导孩子发现学校的“最美行为”“最美风景”等，提升孩子、家长对学校的认可度。

活动过程：

1. 利用每天放学回家路上的时间开展活动。

2. 家长和孩子讨论学校有哪些值得夸奖之处，并分别说出夸奖的理由。

3. 回到家后将当天的讨论结果记录下来，一周汇总一次，比比谁的发现多。

通过活动，家长和孩子都可以发现学校做得好的方面，做到换位思考，更深刻地理解老师、学校。

◆ 策略二：家庭之间，相互学习

1. 自我反思

并不是所有的父母都能够扮演好家长这个角色，称职地履行家长的责任。家长这份“职业”恐怕是少有的不需要经过培训就可以直接上岗的职业，但要想做合格家长，既要有物质上的准备，也要有充分的思想准备。对于如何教育孩子这个问题，可能有很多家长是通过迁移父辈的教养方式，同辈群体交流，或是依靠报刊书籍、网络媒介等途径建立零碎的、似懂非懂的认知。这些途径固然重要且必需，但更为重要的是通过与孩子的交流、互动和自己的观察，来不断促进自己成长为一名合格的家长。

2. 同伴互助

在参与家校共育的过程中，家庭与家庭之间也会有交往。这种家庭之间的互相交往，可以成为家长相互学习的渠道。由于大家都是奔着培养好孩子而去的，所以会有许多共鸣。这可以让习惯不良的家庭向习惯良好的家庭看齐，让好的家庭成为更多家庭的典范，实现以健康的家庭“小细胞”带动和维护学校“大机体”良性运转的目标。更重要的是家庭之间的良好交往可以从校外深入到校内，促进孩子间的同伴互助。

◆ 策略三：情感交流，激发期待

正如前面所讲，父母积极的教养方式，如沟通、理解和宽容，有利于孩子感恩之心的形成和发展；而消极的教养方式则会导致亲子情感交流的缺失，不利于孩子良好习惯的形成以及感恩之心的发展。心怀感恩的孩子更关注他人的需要，并会表现出更多的亲社会行为来体验自我效能感和社会价值感，也更倾向于回报和帮助他人。由于孩子年纪小，家长和孩子沟通、交流要讲究方法。

1. 提开放性的问题

选择跟学校有关的具体问题，比如“今天什么事让你笑了”“你今天有帮助其他小朋友吗”“你们课间休息的时候玩了什么游戏呢”等。需要注意的是，让年幼的孩子回答这些具体问题会有一点难度，有些孩子可能已经想不起来了，或者虽然记得却不知道该怎么表达。我们可以利用一些标签来帮孩子回忆和理清思路，引导孩子先把时间、地点、人物说清楚，然后再适时地提问“是什么”“为什么”“怎么做”等，帮助孩子打开话匣子。

2. 找找交流的实物素材

在放学后和孩子一起收拾书包，看看孩子带回了什么东西。以手工作品为例，可以问问孩子这些是在什么课上做的，怎么做的，都有些什么步骤，用到了哪些材料，老师帮忙了没有，所有小朋友做的都一样吗，等等。有实物在面前时，孩子的表达思路通常会更加清晰。

3. 了解学校的课程活动

及时了解学校的课程活动安排，比如若家长知道孩子今天有体育课，就可以更好地展开与孩子聊天的话题。

4. 学会双向分享

就像和朋友聊天时的技巧一样，家长不妨先向孩子分享自己今天过得怎样。也许在这个过程中，孩子会问家长午饭吃了什么等问题，家长回答之后就可以非常自然地反问孩子：“你呢？”因为家长的分享已经给孩子提供了一个参考，所以可以让孩子更轻松地参与交流。

通过这样的交流，在家长的引导下，孩子能够发现学校很多有趣的人和事，并学会把这些交流的技巧运用到和小伙伴的互动中。更重要的是通过寻找话题，孩子会对上学充满期待。在这个过程中，家长可以创设与孩子深度交流的场景，提高亲子陪伴质量，提高家庭温暖指数，为家校协同提供情感的润滑剂。通过与孩子进行不同维度的交流，家长可以细致地了解学校的工作，可以为向学校建言献策做好调研。

◆ 策略四：积极看待，做到“四同”

家校共育：建设“学校—家庭教育共同体”

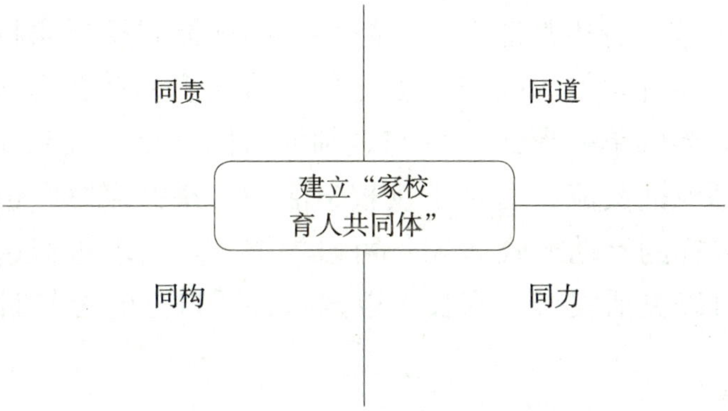

注：此图出自张志勇《家校共育：战略、理论、组织、边界与实践》

如图所示，要让家校共育发挥更大作用，需要建构一个“学校—家庭教育共同体”。在建构共同体的过程中，需要家长对学校保持积极的态度，和学校做到“四同”。

第一是“同责”。这是建构共同体的前提。家长需要有参与学校教育的责任感。

第二是“同道”。这是构建共同体的基础。家长应和学校建立共同的教育愿景、教育规则，并自愿为孩子的成长付出努力、做出贡献。也就是说，家长应和学校目标一致。

第三是“同构”。这是构建共同体的关键。家长要与学校一起为孩子提供健康成长的环境与课程资源。

第四是“同力”。这是构建共同体的归宿。学校教育与家庭教育应做到真心、真诚地相互支持，形成一种志愿服务关系：教师作为学校的代表，是家庭教育的志愿者；家长作为家庭教育的代表，是学校教育的志愿者。

这四个“同”可以让家长更深入地了解学校，使家长能向学校提出具有针对性、可行性、操作性的建议，并从中找到家庭教育的准确定位。家庭教育和学校教育不缺位、不错位，同向而行，才能促进孩子健康成长。

◆ 策略五：拓展渠道，主动传播

>> 1. 多种渠道开展互动

不是每个孩子身边都能有父母陪伴，因此需要探寻家校互动、合作的更多形式。随着时代的改变，多样化、快速度的教育形式打破了以前周期长、耗时多的单一形式，由与教师面对面交流发展到使用网络工具交流、与教师电话交流、参观学校教学活动、举办家庭联谊活动、开设家长课堂等多样的互动方式，家长可以根据实际需求进行选择。家校互动的时间也可以灵活安排，家长可以选择合适自己的参与时间。

>> 2. 当好学校的宣传员

学校的发展需要校内外的良好环境来共同推动。家长可以通过积极宣传学校的办学目标和办学理念，扩大学校的影响力和知名度，为学校的可持续发展创造良好的外部环境。

总而言之，家庭教育不是靠说教，而是在大量的亲子互动实践中完成的。同理，家校共育也不是靠说说就可以实现的，而是在众多家长的参与下成为现实的。这种实践转化为情感和价值，才能够真正地调整教育关系。家长不仅要做到陪伴在孩子身边，还要心和孩子在一起，这样可以和学校创造良好的教育生态，让我们的孩子更加健康地成长。

延伸拓展

一、阅读推荐

> >> 1.《读懂孩子——心理学家实用教子宝典（6～12岁）》（作者：边玉芳；出版单位：北京师范大学出版社）

理由及建议：家长读懂孩子、了解孩子，才能像手握一把万能钥匙一样打开不同的锁、打开不同的结。这本书从心理学的角度，为家长提供了简单易行的家教策略和方法。在“亲子互动与人际交往”部分中，家长可以学习处理亲子关系的技巧和亲子沟通的规则，测评自己的教养方式，了解在同伴、师生等关系中孩子具有的心理特点，帮助自己更好地应对孩子出现的状况，并及时调整孩子的行为。

> >> 2.《新父母孕育新世界》（作者：童喜喜；出版单位：湖南教育出版社）

理由及建议：这本书在现在和未来、理想和现实、父母和孩子之间搭建起了一座理想之桥。它有理论也有实践，呼吁家长为孩子改造成年人的世界，提醒家长要为孩子的成长不断学习，通过共读、共学、共育去影响这个世界。通过阅读第十一、十二、十三章的内容，家长可以掌握更多和学校合作的方法。

> >> 3.《你不全知道的劳动世界》（主编：檀传宝；出版单位：中国劳动社会保障出版社）

理由及建议：这本书适合亲子共读，因为书中告诉我们劳动不仅仅指狭义的家务，还有更为丰富的内涵。这本书能带领孩子走向一个更为广阔的社会，为孩子开拓思维、认识劳动世界、树立正确的劳动价值观奠定基础。第三部分“都是光荣的劳动者”和第四部分“真的准备好了吗?”都设计了贴近生活的实践活动，方便开展亲子活动。

二、视频推荐

>>《北极故事》(纪录电影)

理由及建议：电影讲述的是一只小北极熊和一只小海象在面对全球气温变暖、古老的生活方式遭受挑战的危险时，经历的一系列令人眼花缭乱而惊奇的全新经历。因为环境的改变，它们必须想尽办法寻找在这个世界上生存的新方式。

家长可以和孩子一起观看这部电影，启发孩子在观看过程中了解自然法则，让孩子学习小动物顽强拼搏的精神，更重要的是让孩子明白人要从小学习生存本领，因为在成长过程中要面对生活中的困难，而劳动和生存是密不可分的，是必需的技能。

评估改进

一、自我评估

亲爱的家长，您好！您在日常生活中的实际情况与下面列出的表现是否相符？若相符，则选“是”；若不相符，则选“否”。

	是	否
① 您知道孩子何时参加班级值日，并了解孩子一般用多长时间完成值日。	□	□